ハッピー子育て！
キッズ・キャラナビ

米田 恵
ゆめのいろ保育園中野 園長

弦本將裕
個性心理學研究所所長

Clover

株式会社しちだ・教育研究所 代表取締役 **七田 厚**

　子どもが言うことを聞いてくれなくて、どうしたらいいか迷ったとき、「こうしたらいいですよ！」という的確なアドバイスはなかなかできません。家庭の状況、お子さんの育ってきた状況によって、より良い対応の仕方が異なるからです。

　しかし、この本を読ませていただき、個性心理學を活用して、親と子それぞれのタイプを知れば、方向性を大きく誤ることはないと確信しました。私は子守熊（コアラ）、家内はひつじで、狼、チータ、ゾウの３人の子ども（既に成人しましたが）がいます。この本には、それぞれのタイプの子どもの特性、親の特性はもちろんのこと、すべての組み合わせの親子の相性や対応方法についてのアドバイスが書いてありますが、当てはまるところすべて、「そうそう」とうなずきながら読ませていただきました。

　最後の章には米田さんの保育園での活用例や認定講師の方々の体験談が載せてありますが、子どもと自分の個性について知ること

で、お悩みから解放され、良い親子関係を築くことができ、親もハッピー、子もハッピーという素敵な状況が生まれています。

　本書は、現在、子育てに悩んでいる多くの方におすすめします。まずは自分の個性を知り、そしてお子さんの個性について、該当する項目に目を通してみてください。すべてのお子さんを60パターンに分類するわけですから、100％当たっているとは言いませんが、きっと70％以上は思い当たることがあると思いますし、親子の関係性（相性）についての項目にも目を通していただいたうえで、お子さんに接していただくと、きっと、嘘のように子育てのお悩みが解決していることに驚かれると思います。

　それは、「お母さんが、ぼく（わたし）のことをわかってくれている！」と、お子さんが感じるからです。この本は、子育てに悩むお母さんの福音の書となることでしょう。

は じ め に

　みなさんは、子育てを楽しんでいますか？

　子どもの個性の芽を摘んでいませんか？

　私の提唱する個性心理學では、子育てを「子素立て」と呼んでいます。

　子どもの個性、つまり素を見出して立ててあげるのが子育てであると考えているからです。

「素」のもつ無限の可能性があるのです。

　素敵・素直・素質・素材・素顔……。

　なんて素晴らしいのでしょう！

　また、「親」という字も、大空に向かって伸びている木のように、真っすぐに立ってその姿を見せてあげればいいのです。

「しなさいと言わない子育て論」が注目を集めていますが、最近の親はガミガミと言いすぎるような気がします。

「勉強しろ」と言わないほうが、子どもは成長するし成績もアップするようです。

東大に現役合格した学生たちのアンケートでも、親から勉強しろと言われなかったという回答が上位にきています。

　総じて、「勉強しなさい」と口うるさく言われて育った子どもたちの偏差値は低いとも言われています。

　みなさんも、親から「勉強しろ」と言われていい気分はしなかったはずです。

　自分が嫌なことは、子どもだって嫌なはずなのです。

　ペットを飼ったり、趣味で植物を育てている方も多いと思います。

　初めてトイプードルを飼う人は、「トイプードルの育て方」という本を買うでしょう。

　観葉植物を育てるときも、ネットなどでどうすればイキイキと育つかを調べるはずです。

　では、みなさんのお子さんに対してはどうでしょうか？

　自分の価値観や世間体を重視して育てていませんか？

　ほかの子どもと比較していませんか？

価値観は、個性の違いから生まれます。

　ですから、自分と異なる価値観を受け入れるのは容易ではありません。

　自分がそうであるように、お子さんの個性を見出して受け入れてあげなくてはならないのです。

　みな才能をもって生まれてきますが、それを引き出してあげるのが親の子育てであると私は思うのです。

　ぜひ、本書で自分とお子さんの個性を調べて、人間関係の取扱説明書（トリセツ）として子育てを楽しんでもらいたいと思います。

　きっと、お子さんの目がキラキラと輝いて、自分に自信を取り戻すでしょうし、親子関係も劇的に改善することでしょう。

　そして、ストレスと無縁の「子素立て」ゲームが始まるのです。

個性心理學研究所

所長　弦本將裕

弦本 將裕

12動物60キャラクターによる個性心理學の創始者。

● 磨き上げられたたぬき

米田 恵

保育園に個性心理學を取り入れている保育園園長。

● フットワークの軽い子守熊（コアラ）

恵さん、いよいよ、念願の『キッズ・キャラナビ』、発刊となりましたね。

はい！　弦本先生、ありがとうございます！
幼稚園教諭をしていたとき、親御さんがお子さんを虐待しているとわかったことがありました。そのときに「この世から虐待をなくしたい」と強く想ったことが本書の出発点です。

私も恵さんの想いにおおいに共感し、教育の現場にいる方にぜひ、本を書いてもらいたい！ と強く思いました。

幼稚園に勤務していたときは、個性心理學を知りませんでした。幼稚園を辞めて、個性心理學の講義を受け、これでお母様たちを助けられる、子育てに活用できると確信したのです。

そうだったのですか。

その後、保育園を立ち上げて園長になり、保護者向けに講演会で個性心理學の話をしたのです。

保護者の方々の反応は、いかがでしたか？

とても手ごたえがありました。話を聞いて、自分の子育てを振り返られたのか、涙を流されているお母様や真剣な表情のお父様の姿が見られました。

「自分が産んだ子なのに、その子のことがわからない」と悩むお母様もいるでしょう？

はい。親と子で個性が違えば、親子で考え方や価値観が違うのは当たり前のこと。
個性が違えば、子どもが親の言うことを聞かないということもありますが、そのことを知らないから、子育てが辛くて大変なものになってしまうのですよね。

そう、DNAは遺伝しても、個性は遺伝しないですからね。

兄弟を同じように育てたのに、下の子は育てにくかったという話もよく聞きます。
ですが、兄弟でも個性が違う場合があるため、同じように育ててはいけないのです。

「うちは子育てが楽だった」と言うお母様もいますが、それは、親と子の個性がたまたま一緒だったからです。

個性心理學では「知らぬが悲劇、知れば喜劇」と言われます。お子さんの個性を知ると、本当に子育てが楽しくなるはずです！

世界平和の前に、最小単位である家族を大事にしないとね。

ですね！　保育園は、生後57日以降でないとお子さんを預けられませんが、生後２ヶ月のお子さんでも、親御さんがどう関わっていたのかがわかります。

小さいときから、お子さんの「自分はこれでいいのだ」という自己承認欲求を満たさないといけない。大人でさえ、自己承認欲求があるのだから。

園長としての経験を積ませていただいて7年目になる今なら、現場で感じていることを伝えられると思いました！

植物、動物などすべてのものに取扱説明書（トリセツ）があるのに、人間だけはトリセツがないからね。

そうそう！　個性心理學は人間のトリセツです。この本を通じて、お母様、お父様が子育てのストレスを軽減できたら本当に嬉しいです。

この本を読んで、「子育ては大変」が、「子育ては楽しい」に変わりますように。

「子育ては楽しい」に変わると、お子さんはもっとハッピーになりますね。

子どもたちの絵を見るとパワーをもらえます。

生命力を感じるなあ。

子どもが絵を描くときに、ついアドバイスをしてしまいがちなのですが、お子さんの個性を知っていると、アドバイスが不要だと気づきます。

子どもと関わる職業の方にも、ぜひ、本書を読んでもらいたいですね。

contents

第2章 ♥ ママ・パパは、何グループ？

第3章 ♥ キャラナビ体験談

第 1 章

うちの子は、
どのタイプ？

「どうして、うちの子はこうなの？」
「私の子育て、これでいいのかしら？」

とお悩みのママ、パパ、
どうぞご安心ください。

人には 60 種類もの個性があり、
それぞれが違う考え方、行動をします。

まずは、
うちの子のタイプを知りましょう。

あなたは、お子さんのこと 本当に理解していますか？

「子どもが親の言うことを聞かない」

　と保育の現場で、よく耳にいたします。

　育てている以上、「言うことを聞きなさい！」という気持ちになってしまうのはよくわかります。

　親は自分のペースで自分が困らないように、子どもを動かしたいものです。仕事に、家事にママは忙しいですから、自分のペースにもっていきたいときはありますよね‼　でも…、

親と子であっても対等な関係です。

　子どもは、親の **持ち物** ではありません。

　ですが、子どもに問題が生じた際に、親は自分の体験を押し付けて解決しようとします。

　親は常に **「教えたい、学ばせたい」** という感情が強く、ついつい子どもに向かって、押し付けがましい言い方をしてしまうもの

です。親に悪気はないのです。

　親が子どもの個性を理解し、子どもの個性に合わせることで、無理のない楽しい子育てとなるはずです‼

子育て ＝ 個の素を立てる

「個の素」とは、個性のこと。個性を立たせるということが、子育てです。

　こんな風に考えられたら、親の価値観を押し付けずに、子どもを認めてあげられる子育てとなるでしょう。

　躾（しつけ）＝ 押し付け になっていませんか？

　では、どうしたら自分の子どもの個性がわかるのでしょうか？

　ここで「動物キャラナビ」の出番です。

　動物キャラナビは、人間の個性を12匹の動物に当てはめ、さらにその動物を細分化し、60種類のキャラクターに表現した個性分析ツールです。

　それでは早速、次ページのQRコードから生年月日を入力し、あなたのお子さんがどの動物キャラで、どのような個性をもっているのか調べてみましょう‼

動物キャラクターの調べ方

まずは、お子さんの動物キャラクターを調べましょう。

❶ 左のQRコードを読み取ります。
または、以下のサイトにアクセス
してください。

https://sec.charanavi.jp/charasma/

❷「あなたの動物キャラは？」に
生年月日（例：20200904）の
数字を入れます。
「🔍」をクリックします。

❸ 動物キャラクター詳細診断ペー
ジに移動します。
自分が12種類のうちのどの動
物キャラクターかを把握しまし
ょう。

お子さんは
「いい人」「しっかり者」「天才」の
３グループに分類されます!!

　図書館や書店に行くと、植物図鑑などさまざまなジャンルの図鑑がありますよね？　私たちは、わからないものを理解するために「分類する」という手法を取っています。

　下の図のように、植物は細かく分類されていますよね。

分類学（植物編）

```
植物 ─┬─ 木 ─┬─ 桜 ─┬─ 八重桜
      │      │       ├─ そめい吉野
      │      │       ├─ しだれ桜
      │      ├─ 梅   ⋮
      │      ├─ 松
      │      └─ 竹
      ├─ 花
      └─ 草
```

　しかし、人の体のつくりや働き、心や脳の仕組みなど、器官ごとに説明している「人体図鑑」はありますが、どこを探しても「人間図鑑」はありません。「人間の個性」や「人間の性格」による分類は血液型ぐらいで、そこまで注目されていませんでした。

植物や動物などと同じように、**人間の個性も分類**することで、それぞれの個性や性質が理解しやすくなり、自分と相手の違いが具体的にわかるのです。

　20ページで調べたお子さんの動物キャラクターは

MOON（月）・EARTH（地球）・SUN（太陽）

の３つに分類されます。

　この３分類それぞれについて、日常のありとあらゆる場面や人生の重大な局面でどのように行動するのか、各分類にはどのように接するのがベストかということなど、３分類の大まかな違いを見ていきましょう‼

　次ページの図から、お子さんの動物キャラクターがMOON・EARTH・SUNのどのグループに属しているのかをチェックしてください。
　MOONは満月グループ（黒ひょう・ひつじ）と新月グループ（こじか・たぬき）に分かれます。

MOON（いい人チーム）

満月グループ 黒ひょう ひつじ

新月グループ こじか たぬき

EARTH（しっかり者チーム）

地球グループ 狼 猿

 子守熊 虎

SUN（天才チーム）

太陽グループ   チータ ライオン

 ペガサス ゾウ

こじか・黒ひょう・たぬき・ひつじ です。

発生比率は、全体の**約35%**です。

何事も人間関係がすべてで、和を大切にするのでケンカや競争は好みません。月のイメージ通り、でしゃばることなくひっそりと輝き、相手を優しく包み込みます。一緒にいる人によって月のように形を変え、レストランでも「何にする？」と相手の注文を気にするタイプ。人に合わせてしまうことが多い**「いい人チーム」**です。

いい人チーム

- 他人と競争したくない
- 世のため人のための精神をもつ
- 相手に合わせる相手軸
- 相手を安心させる雰囲気をもつ
- 大事なのは愛情、友情、使命感
- 目指すは人格者
- ムダが多い
- 夢をもっている
- 立場・メンツにこだわる（満月）
- 人の心を照らしたい（満月）
- 目立たないが存在感がある（新月）
- じっと出番を待つ（新月）

EARTH の動物キャラは

狼・猿・虎・子守熊 です。
（コアラ）

発生比率は、３分類の中で一番多く全体の**約40%**です。

　自分の時間や空間をとても大事にし、時間やお金、物をムダにすることを嫌います。非常に現実的な考え方をするタイプで、曖昧なことには耐えられません。"白か黒か"をハッキリさせたがります。ペースを乱されることを嫌い、何事も計画を立てて実行していく**「しっかり者チーム」**です。

しっかり者チーム

- 現実的で地に足がついている
- 自分と他人を明確に分ける
- 曖昧なことやムダは嫌い
- 本音をハッキリと口にする
- 芸術性・創造性がある
- 実質的な損得を考える
- 話は、結論から聞きたい
- ライバルとして「人間」に関心がある
- 目指すはお金持ち
- ペースを乱されるのが嫌い
- 競争して勝利したい
- 数字・時間を大切にする
- ついムリをしてしまう

SUN の動物キャラは

<h1 align="center">チータ・ライオン・ゾウ・ペガサス です。</h1>

発生比率は、3分類の中で一番少なく全体の約25%です。

太陽のイメージ通り、いつも光り輝いていたいと考えていて、人の心を明るくするムードメーカー的な役割を果たします。束縛される環境は苦手で、窮屈な管理型社会には適していません。自由奔放で、直感やひらめきで行動する「**天才チーム**」です。

天才チーム

- いつも光り輝いていたいムードメーカー
- 不安がよぎるとモチベーションが下がる
- 太陽のようにすべての中心でありたい
- くどくどと長い話は聞いていない
- 内外の落差が激しい
- 細かいことは気にせず、可能性を信じる
- 褒められると弱い
- つかみどころがない
- 目指すは成功者
- 束縛されたくない
- 気分にムラがある

３分類の特徴を見ると、これだけ個性が違うのだと驚きますよね。

そうだよね。だからこそ、個性や価値観の押し付けはよくないよね。

実は、たまたま MOON、EARTH、SUN の３分類の子どもが集合した写真があります。

おお！ ３分類の個性がよく出ていますね。

同じ玩具をもっていても、表情や距離間など、個性が出ていますよね‼

３分類の力関係を知ることで 親子のベストな付き合い方もわかる!!

「お兄ちゃんなのに、弟の言いなりになっている」

「息子は、パパよりママの話をよく聞く」

　などと、特定の人との関係でつまずくことはありませんか？

　それは３分類それぞれの間で、目に見えない力関係が働いているからなのです。

　このパワーバランスのことを、**じゃんけんの法則**と呼んでいます。

　MOON はグー 🤛 で、頑固、小さくまとまる。

　EARTH はチョキ ✌ で、形のないところから物を作っていく、チョキチョキとムダを切り取る。

　SUN はパー ✋ で、外に向かって拡大・展開、エネルギーを発散。

　この法則を知っていれば、日常生活の中でストレスを感じることもぐ〜んと少なくなるでしょう。

　詳しくは、122 ページの「親子間の "なぜか、うまくいかない" はこう解消しましょう」で、ママと子どものタイプ別、関わり方のポイントをお伝えいたします。

MOON・EARTH・SUNのヒューマンリレーション
じゃんけんの法則によるパワーバランス

 MOON

立場やメンツにこだわる。人に影響を与えたい。

 満月グループ

黒ひょう　ひつじ

新月グループ

目立たないが、存在感があり、出番を待っている。

こじか　たぬき

負け　**いい人チーム**　勝ち

MOON は EARTH を動かしやすいが、SUN には弱い。

勝ち　　　　負け

 SUN　　　**EARTH**

 太陽グループ

地球グループ

負け　**勝ち**

チータ　ライオン

狼　　猿

ペガサス　ゾウ

子守熊　虎
（コ　ア　ラ）

天才チーム

しっかり者チーム

SUN は MOON を動かしやすいが、EARTH には弱い。

EARTH は SUN を動かしやすいが、MOON には弱い。

３分類から12種類の動物キャラクターに分かれ、

黒ひょう

メンツやプライド、
立場にこだわる
新しいものが好き

Black Panther

こじか

好奇心旺盛
緊張が長く
続かない

Fawn

狼

ひとりだけの時間と
空間が好き
ペースを乱される
のを嫌う

Wolf

ひつじ

寂しがり屋で、
ひとりぼっちが嫌い
客観的に物事を
判断できる

Sheep

たぬき

何事も経験と
実績を重んじる
根拠のない
自信がある

Tanuki

子守熊

一見おとなしい人
ボーッとしている
時間がないと
頑張れない

Koala

キャラクターによって個性が違います

猿

細かいこと、小さい
ことに気がつく
乗せられると
弱い

Monkey

チータ

成功願望が強い
瞬発力はあるが、
長続きしない

Cheetah

ライオン

徹底的にこだわる
その道の先生を
目指す

Lion

虎

自由・平等・
博愛主義
悠然とした雰囲気

Tiger

ペガサス

気分屋、天気屋
それを隠そうとしない
乗っているときと、
そうでないときの
落差が激しい

Pegasus

ゾウ

常に何かに
打ち込んでいたい
さりげなく努力して
いるポーズを見せる

Elephant

狼

- 干渉しすぎないで！
- みんなと一緒を期待しないで！
- 予定を変更しないで！

　周囲に合わせて行動するのが苦手。ひとりだけの時間と空間が好きなので単独行動をします。世間体や人の評価にこだわらず、じっくりと時間をかけて自分独自の価値観を形成し、夢を描きます。物事の順序を大切にし、筋の通った考え方をする個性的なタイプなので、多少融通のきかない面があります。行動はスローですが、一度自分で決めたことは長い時間をかけても実行する計画性と忍耐力をもち合わせています。

好きなこと・得意なこと

- 納得がいくまでとことん深く掘り下げて考える
- 最後まで諦めずに、自分のペースでじっくり取り組む
- 自分なりにひとひねりして、みんなと違ったものを作り出す
- ムダを省き、効率良くできるような仕組みを考える
- 手先が器用で敏感な感性があり、専門的な技術を磨ける
- 正義感をもって自分を主張できる闘争心がある
- 常に No.1 を目指しているので、リーダーの素質あり

やる気を引き出す、魔法の言葉☆

『 やるならNo.1を目指そうよ!! 』

狼の子どもは自分が興味をもったことは、時間がかかっても最後まで必ずやりとげます。自分なりのアイディアが浮かぶとがぜんやる気を起こすので、途中で口をはさみすぎたりせず、穏やかに見守ってあげましょう。勝負事が好きでもありますから「やるならNo.1 に」などという励ましが心に響くでしょう。

NGワード

どうしてみんなと一緒にできないの？

➡ 狼の子どもは、ひとり遊びが大好き。みんなと一緒に行動することを強制してはいけません。

この色使いは何？ 他の色も使いなさい

➡ 狼の子どもは、人真似が嫌。色使いも独特の感性から他人が使わない色を好んで使います。色使いを強制してはいけません。

もっと笑顔で挨拶しなさい

➡ 狼は、理由もなく笑うことはできません。クールな子どもですから、笑顔や愛嬌を強制してはいけません。

こじか

- ひとりにしないで！
- スキンシップを忘れないで！
- 話を聞いてあげて！

　人見知りをし、なかなか心を開かない臆病な一面がありますが、一度信頼した相手には、自分を飾らずに見せて素直に接します。正義感の強さと義理人情の厚さをもち、駆け引きや裏表のある対応は苦手です。周囲からとても愛される子どもです。愛されていると思えると安心して成長していけます。厳しく叱りつけると委縮し、心を開かなくなるので、多少わがままな部分があっても、優しく包み込み、できるだけのびのびとさせてあげたいですね。

好きなこと・得意なこと

- ♥ 本物に触れ、ひとつのことをじっくりと研究する
- ♥ 嘘やごまかしのきかないものを、じっくり作り上げる
- ♥ 自然環境の豊かな場所でのんびりと過ごす
- ♥ これからの世の中にとって本当に必要なことを考える
- ♥ みんなが仲良くなれるように、人と人との橋渡しをする
- ♥ かわいいものや小動物を愛する優しさがある
- ♥ 弱い者を助けるという正義感がある

『 よくここまで、頑張ったね!! 』

自分なりにコツコツとやる子どもですから、努力や根性を押し付けるのは逆効果。「よく頑張ったね」と褒められることが何よりも励みになります。こじかの子どもは愛情を注いだ分、花を咲かせるタイプです。厳しくするよりも、スキンシップを大切に、優しい言葉をたくさんかけましょう。ゆっくり見守ってくれる存在こそが必要なのです。

NGワード

ひとりで遊んでいなさい

➡ こじかは、ひとりでは生きられません。いつも誰かと一緒にいたいと思っており、ひとり遊びなどできません。

まとわり付かないでよ！

➡ スキンシップは、こじかの大切なコミュニケーション手段です。忙しくなる前にギュッと抱きしめてあげて!!

もう子どもじゃないのよ

➡ こじかは、いくつになっても甘えん坊。甘えられる相手は、本当に心を許した人だけなのですから大目に見てあげましょう。

猿

- 細かく指示してあげて！
- 落ち着きを強制しないで！
- 長期的な展望を求めないで！

　相手の考え方や出方に合わせて、臨機応変に対応できるサービス精神旺盛な子どもです。人の真似をして褒められようとするのは、猿ならではの傾向。やや背伸びをすることもありますが、それも人の役に立ちたい気持ちの表れです。短期決戦で、自分が目指したものに集中し、ほかの子よりも頑張りを見せるというバイタリティもあります。基本的には素直でユーモアにあふれた、人のいい、かわいい子どもです。

好きなこと・得意なこと

- 口が達者で話し上手、のびやかな表現ができる
- その場を楽しくするムードを作り、みんなから注目される
- 短期決戦に強く、抜群の集中力を見せる
- 相手の気持ちを読んで、先手を打って行動する
- ゲーム感覚で勝負を楽しみ、勝ったら報酬をもらう
- 頭の回転が速いので、臨機応変に対応し、行動できる
- 「昨日よりも今日」と日々向上していきたい

『 さすが！ すごいね！ 』

　気分を盛り上げれば、すぐにやる気が出る子どもです。「さすがにすごい。まいった」と感心されようものなら、もう嬉しくてたまりません。逆に、行き詰まっているときに叱ると、つい嘘もつきます。涼しい顔で嘘をついているように見えても、実は本人は苦しんでいます。何より、自分の味方を欲しがっている子どもなのです。

NGワード

ふざけないで、真面目に

➡ 堅苦しい雰囲気が嫌いな猿は、ふざけているときはオープンハートになっているとき。また、猿に真面目を強要してはいけません。

ジッとしていられないの？

➡ 猿は動いてないと息が詰まりそうになるのです。ジッとしている子どもだけがいい子ではありません。

足で何をやっているの！

➡ 手も足も器用な猿は、落ちている物を足で拾うのは当たり前。逆に「器用だね〜」と褒めてあげましょう。

チータ

- 好奇心の芽を摘まないで！
- 禁止用語は逆効果！
- 継続を求めないで！

　とにかく行動が機敏で利発な子どもです。自分で考えた通りに素直に行動するため、気ままなお天気屋と思われることもあるようですが、強い好奇心と、何にでも挑戦するバイタリティの表れなのです。このバイタリティとひたむきさは天性の宝ですが、時として自分中心になってしまい、自分の考えを一方的にまくしたて、相手を傷つけてしまうこともあります。相手の気持ちを考えることも教えてあげましょう。

好きなこと・得意なこと

- ♥ みんなが注目するようなスケールの大きいことをする
- ♥ 頭の回転の速さや記憶力が活かされること
- ♥ 自分の感性に響いたものをみんなに伝え広めていく
- ♥ 逆境に強く、困難にも果敢にチャレンジする
- ♥ 人の気持ちを見抜いて、駆け引きする
- ♥ スピード感抜群で、行動しながら考えられる
- ♥ カンが鋭く、何に対しても積極的に挑戦する

やる気を引き出す、魔法の言葉☆

『 誰よりもできているね!! 』

　負けず嫌いな子ですから、「他の誰よりもできているわね」と挑戦意欲をあおってあげると効果があります。また、早合点から失敗してしまうこともありますが、そんなときに「あわてるからよ」などと追い打ちをかけるのは×。「よく頑張ったね」「大丈夫、次はこうしようね」と、次なる意欲を失わせないようにしてあげましょう。

NGワード

ダメって言っているのに！

➡ ダメと言われれば言われるほどチータは面白がります。禁止用語は逆効果なのです。

ひとつのことに集中しなさい！

➡ いろいろなものに興味をもつのが好奇心旺盛なチータの特徴。ひとつのことに集中していても、ほかのことが気になって仕方ないのです。手に入れると興味を失います。

何時になったら帰ってくるの！

➡ チータは時間で管理してはいけません。その瞬間瞬間で生きているのですから、もう少し自由にさせてあげて！

黒ひょう

- 人前で叱らないで！
- 着るものは自分で選ばせて！
- 話を途中でさえぎらないで！

　ちょっとすましていて服装にも細かく気を遣うおしゃれさん。振る舞いそのものも、子どもとは思えないほどスマートで、マナーをよく知っていて大人っぽい一面もあります。流行にも敏感で、お友だちの間では情報通として知られているかもしれません。こうした個性のわりには、本来、自己顕示欲はそう高いほうではありません。ひとりだけ目立って浮いてしまうより、みんなと調和しながらやっていきたいのです。

好きなこと・得意なこと

- 🤍 最先端のおしゃれを楽しみスマートにカッコよくキメる
- 🤍 みんなが仲良くなれるように人と人との橋渡しをする
- 🤍 リーダーシップをとって、みんなをまとめていく
- 🤍 毎日新しい発見があり、自分のためになること
- 🤍 最新のトレンドに敏感で情報通である
- 🤍 趣味や習い事を通じて自分を磨いていきたい
- 🤍 しっかりと自己主張して、スマートに解決する

やる気を引き出す、魔法の言葉☆

『 頑張っているね。きっとできる 』

　たどたどしく見えても自分なりにペース配分をしていますから、「頑張っているわね。まだまだやることはあるけど、きっとできるわ」と応援してあげましょう。また、「大丈夫？」と気を遣ってあげると、上機嫌になります。おだてすぎは逆効果ですが、的確に褒めることは、やる気を引き出すうえでとても大切なことです。

NGワード

○○ちゃんを見習いなさい！

➡ プライドが高いので、他人と単純に比較されるととても傷つきます。上手に褒めてあげるほうが効果があります。

着られれば何でもいいのよ

➡ 美意識がとても高いので、着るものには特にこだわります。子どもなりのおしゃれ感覚を大事にしてあげましょう。おさがりは嫌なので気をつけてあげて‼

忙しいから、話しかけないで！

➡ 会話がなくなると、黒ひょうは死んでしまいます。毎日の会話の積み重ねが人間関係を構築していくのです‼

☀ SUN ✋

ライオン

- 褒めてあげて！
- 不安を取り除いてあげて！
- 着るものにこだわらせて！

　礼儀正しく真面目で、クールな面持ちが印象的な優等生。嘘をついたりごまかしたりしない子どもです。ちょっと面白味に欠けますが、苦労が多くても愚痴ひとつこぼさず、忍耐強いです。謙遜はするものの、おだてには弱く褒められるとすっかり上機嫌になります。外ではいつも張りきっていますが、本当は甘えん坊です。家の中では急にわがままになったりしますが、本音を言うのは家族やごく少数の友だちだけです。

好きなこと・得意なこと

- ♥ スケールが大きくて「カッコいい」と褒められること
- ♥ 自分の感性に響いたものを周囲の人に伝え、世に広める
- ♥ 人をたくさん集めて、権威と力のある組織を作っていく
- ♥ 社交的で人の気持ちを引きつけリーダーシップをとれる
- ♥ 大きなことを成しとげ「すごいね！」と褒められること
- ♥ 年長者を立てて敬意を払うことができる
- ♥ 辛いときでも決して弱音を吐かない強さがある

やる気を引き出す、魔法の言葉☆

『 やってみたらきっとうまくいくよ 』

リーダーシップはありますが、生真面目な完璧主義なため、人前ではプレッシャーを感じてしまいます。緊張しているライオンには、「お母さんもこういうときは緊張したわ。でもやってみたら意外にうまくできちゃった」と、体験談を交えて励ましてあげましょう。もし、失敗してもおおらかに受け止めてあげてください。

NGワード

バカ！

➡ 超プライドの高い百獣の王のライオンに「バカ」と言った瞬間に、心のシャッターが閉じてしまいます、子どもをバカにしてはいけません。

これが終わってからね！

➡ 欲しいと思ったら待てないのがライオンの特徴。同時にいくつものことを並行してできるので、順番の強制は×。

本心を言いなさい！

➡ ライオンは、なかなか自分から本音で話ができません。上手に誘導してあげることが大切です。

虎

- 言い方に気をつけて！
- 決断を急がせないで！
- 本音で話して！

　虎は落ち着いてゆったりした雰囲気をもった子ども。謙虚でおとなしく見えますが、実は社交的で人の面倒見がよく、さりげなくリーダーシップをとれるタイプです。「私が私が」としゃしゃり出ずに自分をアピールするのもうまく、相手をおだてたり人に甘えたりしながら好かれていきます。行動のバランスがいいので、見ていても安心感があります。甘えても意味がない相手には甘えないといった一面もあります。

好きなこと・得意なこと

💜 自分の限界まで精一杯頑張って、成果を出す

💜 偉人の伝記や歴史ものの本を読む

💜 バランス感覚が抜群で片寄りがない

💜 ムダが嫌いでお金の管理もしっかりしている

💜 上下関係をしっかりと分けて組織を作る

💜 数字や細かいことを几帳面にこなして間違いがない

💜 誰に対しても思っていることをハッキリ言える

やる気を引き出す、魔法の言葉☆

『 これができたら、すごいよね !! 』

難しい課題も「やりとげれば自分の糧（かて）になる」と思えればやる気を出す子どもです。「これができたら、もっとすごい子になれるね」「期待しているよ」と応援をしながら、ゆっくり見守るのがポイント。急がせたり叱ったりは逆効果です。精一杯頑張ることで充実感を感じるタイプですから、熱中できるものを与えてあげましょう。

NGワード

言われたら、すぐにやりなさい！

➡ 虎は自分が納得しないとテコでも動きません。時間はかかりますが、納得した後の行動は誰よりも早いし、最後までやりとげます。

バランスが悪いよね〜

➡ 虎が最も気にするキーワードがバランス。「バランスが悪い」というのは、カチンとくる言葉なのです。

おまえはね〜

➡ 虎は、"言い方"をとても気にします。子どもでも「おまえ」と言われるとムッとします。名前で呼んであげて！

- 45 -

たぬき

- 強制しないで！
- 忘れ物をチェックしてあげて！
- 上手に聞き出してあげて！

　天真爛漫でゆったりとした穏やかな子どもです。友だちからも好かれていて頼りにされるでしょう。ただ、たぬきだけにいろいろな顔が見え隠れします。大胆な反面、堅実で従順な態度を見せたり、自由奔放に見えて、実は心配性だったり。どれが本当の姿なのかと思いますが、すべてがお子さんの本質で、相手に合わせて変えたりするのが得意なのです。頑固なところもあり、マイペースに事を進めるタイプです。

好きなこと・得意なこと

- 「和」を大切にするのでケンカの仲裁をする
- 期限に追い詰められると底力を発揮する
- 伝統やしきたり、歴史や文化を愛する典型的な日本人
- 足りないときのリスクを考え、何でも多めに用意する
- いつも全体の調和を考えてから行動する
- 「はい、わかりました！」と返事がとてもいい
- こじつけや語呂合わせが得意

やる気を引き出す、魔法の言葉☆

『 あとひと頑張り!! 』

思い込んだことには驚くほどの集中力を発揮するので、「これって大事ね」「これは後回しでもいいかも」と、優先順位をさりげなく教えてあげると成果が出るでしょう。ただ、最後の詰めが甘いのが玉にキズ。追い込みに入ってきたら「あと30分でやっちゃおうね」「あとひと頑張りできたらすごいよ」と後押しを!!

NGワード

また忘れ物したの！

➡ 本人に悪気はないのですが、忘れ物が多いのが特徴、さりげなくチェックしてあげましょう。

ちゃんと用意はできている？

➡ 頭の中ではすべて準備万端なのですが、実際に行動に移すのは直前。追い込まれないとエンジンがかからないので、長い目で見てあげてください。

黙って食べなさい！

➡ 黙ってご飯を食べていると、叱られているみたいで食事も喉を通りません。こぼすのも大目に見てあげて!!

EARTH

子守熊（コアラ）

● 健康管理をキチンとしてあげて！
● 昼寝をさせてあげて！
● やんちゃは大目に見て！

　一見おっとりして見えますが、周囲を見ながらさりげなく自分らしく振る舞うことができる子どもです。ボーッとしているのが気になるかもしれませんが、ゆっくり休む時間がないと次の活動ができないタイプです。意外に競争心が強く負けず嫌いの一面もあり、自分の弱みは見せません。しかし、困った人を見過ごせない世話好きで情に厚いところがあります。瞬時に見極めるカンをもっており、石橋を叩いて渡る堅実な子です。

好きなこと・得意なこと

♡ 常に長期的に物事をとらえることができる

♡ 感情の表現や動きを必要とする芸術的なこと

♡ 物を大事にするので、与えられた物を長く使い続ける

♡ 大きな夢を思い描いて、その夢を実現するために頑張る

♡ ムダを省いて効率よく成果を出す

♡ お風呂など、リラックスできる空間でボーッとする

♡ サービス精神が旺盛で、人に喜んでもらう

やる気を引き出す、魔法の言葉☆

『 もう少しよ、頑張って!! 』

　もともと自分のことは自分でやりたい子どもなので、子どもの夢やロマンに口をはさまずに、見守りながら励ましてあげましょう。壁にぶつかってスムーズに行かないときは、「頑張って」「もう少しよ」という愛情のこもった励ましの言葉が有効です。もし、行き詰ってしまったら、現状を打破する方法を教えてあげてください。

NGワード

何、ボーッとしているの！

➡ ボーッとする時間がないと頑張れない子守熊にとって、ボーッとするのは必要不可欠な至福のときなのです。

テキパキと行動しなさい！

➡ 子守熊はすぐにエンジンがかかりません。スタートするのに少し時間がかかりますが、最後には帳尻を合わせるのでご安心を。

寝てばっかりいないで！

➡ 睡眠時間が足りないと、子守熊は病気になります。寝ることを奨励してあげて。また、大声で怒鳴るのはNG。

ゾウ

- 待たせないで！
- 無理に聞かせてもダメ！
- 話を否定しないで！

　不言実行、やると決めたら真面目にコツコツと最後までやりとげる頼もしさがあり、何かに秀でるためには努力を惜しみません。それも、人の指示で動くのではなく、自分で計画を立て、自分を信じて頑張るタイプ。妥協や甘えがないので、融通がきかないと思われがちですが、世話好きで涙もろい一面もあります。クールで理屈っぽい印象で、ちょっと人見知りではありますが、付き合うほどに人間的なよさが見えてくる子どもです。

好きなこと・得意なこと

- ♥ 自慢できるようなスケールの大きなことを成しとげる
- ♥ 今日やるべきことは何が何でも今日のうちに片づける
- ♥ 自分の感性に響いたことを世の中に広めていく
- ♥ 人をたくさん集めて、権威と力のある組織を作っていく
- ♥ 一言聞けば、相手の言いたいことを理解できる
- ♥ 人に尽くすことで自分自身を大きく成長させる
- ♥ ひとつのことを突き詰めて考え、研究や分析をする

やる気を引き出す、魔法の言葉☆

『 すごかったね！ 努力したね！ 』

やり始めたらすごい集中力でやりとげます。「すごいね。よくこ こまで努力したね」と心から褒めてあげましょう。褒め言葉が最大 の評価になります。また、壁に突き当たってしまうと前に進めなく なる傾向があります。そんなときには突き放さないで、もう一度順 序を説明し、今やるべきことに気づかせてあげるといいでしょう。

NGワード

ちゃんと話、聞いているの？

➡ 必要なことは、ちゃんと耳に入っています。長い話をじっと 聞いているのが苦手なので、ポイントを一言で伝えてあげま しょう。

もっと努力しなさい！

➡ ゾウは、他人の見ていないところで努力するのが大好き。誰 よりも努力家なので、努力という言葉は不要。

しばらく待っていてね

➡ ゾウは待つのが苦手です。「今すぐ行くね」と安心させてあげ て。その言葉を聞くだけで待てるから不思議!!

ひつじ

- お友だちを大切にしてあげて！
- 長い話をさえぎらないで！
- 収集癖を叱らないで！

　誰にでも優しく、控えめな態度でマナーをきちんと守る、とても感じのよい子どもです。どんな人にも調子を合わせられる社交性で、たくさんのお友だちをつくっていきます。しかし、意外に好き嫌いが激しく、日頃いい子にしている分、家ではちょっとわがまま。外での自分と本当の自分のバランスをとるためにも、愚痴やわがままは必要ですから、めくじらたてずに、優しく聞いてあげましょう。理想の実現を夢見て堅実に努力できる頑張り屋さんです。

好きなこと・得意なこと

- 💜 みんなと一緒に力を合わせて物事を成しとげる
- 💜 コレクションやスクラップなどいろいろなものを集める
- 💜 大勢をまとめて、みんなが仲良くなるよう橋渡しをする
- 💜 世の中を良くするような何かを考える
- 💜 お金には几帳面で、金銭感覚に優れている
- 💜 いじめられている人を放っておけず助けてあげる
- 💜 損得を考えずに人に喜んでもらえるように頑張る

やる気を引き出す、魔法の言葉☆

『 あなたのやることなら信じられる 』

　人のために尽くせる子どもですから、信頼されるとやる気が出ます。「本当にえらい。みんなのために頑張っているね」「あなたのやることなら信じられる」という言葉が何よりの原動力になります。また、気持ち良く動いてもらおうと思ったら、命令口調は禁物。お願いや相談口調で接すると「任せて！」とばかりに張りきってくれます。

NGワード

友だちとばっかり遊んで！

➡ ひつじにとって、友だちは命の次に大切な存在です。単に遊んでいるわけではなく、コミュニケーションをとり合っているのです。

用件だけ言ったら電話切りなさい！

➡ 電話が用件を伝える道具とは思っていません。友だちとつながっている時間が欠かせないのです。

みんなって、いったい誰？

➡ みんなと同じ物をもっていたいので、「みんなもっているよ」と言いますが、仲良しが持っているという意味。

ペガサス

- 束縛しないで！
- 褒めまくってあげて！
- 空想癖をとがめないで！

　自分の感性のままに生きようとします。それがほかの人にとって意味のないことであっても平気なところが、ペガサスらしい奔放さです。華やかな雰囲気が漂い、この子に憧れる子も多いでしょう。頭のキレも抜群で、知的な判断ができ、論理的な話をするので、大人からも認められます。けれども、実はカンを頼りに判断していることも多く、気分屋の一面もあります。人から理解されにくいこともありますが、どんな人ともうまく付き合っているはずです。

好きなこと・得意なこと

- ♡ ピンとくる感性はピカイチで。変化に敏感に対応できる
- ♡ ムードメーカーなので、周囲を明るくハッピーにする
- ♡ 自由気ままにどこへでも気軽に出かけていける
- ♡ 天才的なヒラメキで誰も想像できないことを実現させる
- ♡ イベントや学芸会などのお祭りが大好きでハッスルする
- ♡ 社交的で人の気持ちを引きつけ、リーダーシップをとる
- ♡ 世界に通用する大人物になるために頑張る

やる気を引き出す、魔法の言葉☆

『 すごい！ さすが！ カッコいい！ 』

目立つことや褒められるのが大好きなタイプ。「すごいね」「さすが！」「カッコいい〜」と、思いつく限りの褒め言葉を。それを白々しいと思うような子どもではなく、素直に受け止めて頑張ります。お天気屋なのですぐに飽きたりもしますが、ガミガミ言うより、ポイントを絞って短い言葉でアドバイスすれば効果的です。

NGワード

お天気屋だね〜

➡ その日の気分で別人のような行動をとるのがペガサスの特徴。まあ、本人は褒め言葉として聞いていますが…。

きちんと計画を立てて！

➡ カンとヒラメキで行動するペガサスには、"計画" という概念はありません。親の価値観を押し付けてはダメ。

文法がダメ。何が言いたいの？

➡ 文法などペガサスにとって何の意味も持ちません。理解できないこともありますが、おおよその意味がわかれば OK なのです。

12種類の動物キャラクターを60分類に！
お子さんの個性がさらに詳しくわかる

狼

ネアカの狼（P.58）　放浪の狼（P.58）
クリエイティブな狼（P.59）　穏やかな狼（P.59）
順応性のある狼（P.60）　好感のもたれる狼（P.60）

こじか

正直なこじか（P.61）　強い意志をもったこじか（P.61）
しっかり者のこじか（P.62）　華やかなこじか（P.62）

猿

落ち着きのない猿（P.63）　大きな志をもった猿（P.63）
どっしりとした猿（P.64）　気分屋の猿（P.64）
尽くす猿（P.65）　守りの猿（P.65）

チータ

長距離ランナーのチータ（P.66）　全力疾走するチータ（P.66）
足腰の強いチータ（P.67）　品格のあるチータ（P.67）

黒ひょう

面倒見のいい黒ひょう（P.68）　情熱的な黒ひょう（P.68）
落ち込みの激しい黒ひょう（P.69）　感情豊かな黒ひょう（P.69）
気どらない黒ひょう（P.70）　束縛を嫌う黒ひょう（P.70）

ライオン

我が道を行くライオン（P.71）　統率力のあるライオン（P.71）
感情的なライオン（P.72）　傷つきやすいライオン（P.72）

12 種類の動物キャラクターは、それぞれ 4 種類または 6 種類に分かれ、60 分類に分かれます。20 ページからお調べください。

 虎

愛情あふれる虎（P.73）　動きまわる虎（P.73）
ゆったりとした悠然の虎（P.74）　楽天的な虎（P.74）
パワフルな虎（P.75）　慈悲深い虎（P.75）

 たぬき

社交家のたぬき（P.76）　磨き上げられたたぬき（P.76）
大器晩成のたぬき（P.77）　人間味あふれるたぬき（P.77）

 子守熊（コアラ）

フットワークの軽い子守熊（P.78）　母性豊かな子守熊（P.78）
コアラのなかの子守熊（P.79）　活動的な子守熊（P.79）
夢とロマンの子守熊（P.80）　サービス精神旺盛な子守熊（P.80）

 ゾウ

人気者のゾウ（P.81）　デリケートなゾウ（P.81）
リーダーとなるゾウ（P.82）
まっしぐらに突き進むゾウ（P.82）

 ひつじ

協調性のないひつじ（P.83）　物静かなひつじ（P.83）
無邪気なひつじ（P.84）　粘り強いひつじ（P.84）
チャレンジ精神の旺盛なひつじ（P.85）
頼られると嬉しいひつじ（P.85）

 **ペガサス**

落ち着きのあるペガサス（P.86）　強靭な翼をもつペガサス（P.86）
波乱に満ちたペガサス（P.87）　優雅なペガサス（P.87）

ネアカの狼

まっすぐで明るい性格で
信頼度抜群

　他人からあれこれと指図されるのが大嫌いな子どもです。個性的でこだわりが強く発想もユニークなので、友だち付き合いはやや苦手かもしれません。自分の好きなことには驚くほどの集中力で取り組みますので、得意分野を究めさせることでヤル気が出るでしょう。友だちと群れることを嫌い、自分ひとりの時間を大事にするので少々生意気な印象を与えますが、本当は明るくまっすぐな性格なので心配はいりません。

放浪の狼

自分の信じる道を
突き進む

　小さな頃から同世代の子どもと群れるのが嫌いで、他人と同じことをすることに興味がありません。先生や大人の評価も気にしませんから、奇人変人のように見られることもありますが、自分が正しいと思った道を突き進んでいるだけなのです。決して人嫌いというわけではなく、自分に正直に生きているのです。一ヶ所にとどまっているのが苦手なので、放浪癖があると思われてしまいます。特異な価値観を大切に育ててあげれば、将来大成します。海外と縁がある子どもです。

クリエイティブな狼

芸術的なセンスをもった
人気者

　美的感覚に優れた、才能あふれる子どもです。理想が高いので、自分が正しいと信じることしかせず、融通はききません。一見ぶっきらぼうに見えますが、ユーモアのセンスもあり、友だちからは人気があります。へそを曲げると頑固な性格が強く出ますが、いい先生や友だちに恵まれると実力以上の結果が出せる子どもです。成長するにしたがい個性的な魅力が増していきます。個性の芽を摘まない寛容さが必要です。

穏やかな狼

何事も几帳面な
正直者

　嘘がつけない正直な子どもです。思っていることを何でもハッキリ口に出すので、周囲を驚かせることもしばしばです。自分に自信をもっているので、否定されたり反論されたりすると押し黙ってしまいます。小さいうちは手に負えないところもありますが、成長に伴って個性が確立してくると素直な優等生になるでしょう。過去にこだわることもないので、クヨクヨしたりすねたりすることもありません。几帳面な性格から、みんなから慕われます。

順応性のある狼

ちょっと風変わりな
天才肌

　負けん気の強い頑張り屋さんで、物事を冷静に判断することができる子どもです。ただ、親や先生が感情的にものを言うと逆に反発してしまいます。困っている人や弱い人を見ると放っておけない優しい一面もあります。しかし、大人にこびて上手に立ち振る舞うことは苦手なので、甘え下手で損なところも。思ったことを何でも素直に口にするので、時に口が災いして誤解を招いてしまうことも。直感力と個性的な才能を活かせば大成します。

好感のもたれる狼

個性は強いけど
人当たりのいい社交家

　狼の中では、最も社交性を発揮する温和で人当たりの優しい子どもです。大人びた雰囲気をもっており、内面には熱く燃える情熱を秘めています。みんなと親しくもできますが、ベタベタした関係は嫌いなので、明確に自分と他人を線引きしています。誰からも立ち入られたくない自分の世界があり、自尊心が強いのが特徴です。他人からは、自己中心的と思われるような言動も多く、ひとりで何でもやってしまう自立心の強い子どもです。

正直なこじか

友だちが大好きな
平和主義者

　みんなからかわいがられ、誰からも愛されることが大好きな平和主義の子どもです。ただ、初対面だと緊張して思うように話せないシャイな性格の持ち主です。親しくなるとベタベタと甘えてひと時も離れなくなってしまいます。嘘をつくのが大嫌いで、相手にもそれを求めるので、友だちの裏切りは許すことができません。人間観察も得意で、じっと大人を観察しています。子どもだからと油断していると、矛盾を指摘されるので要注意です。

強い意志をもったこじか

おとなしく見えても
内面は頑固者

　人と争うことが大嫌いなので、ケンカする前に自分を抑えてしまうところのあるおとなしい子どもです。でも、内面は頑固な自信家でもあります。人間関係も好き嫌いが激しいので、基本的には気に入った友だちとばかり一緒に遊びます。自己防衛本能に優れているので、悪意で近寄ってくる人には一切心を開きません。お兄さんやお姉さん的な人の存在が欠かせないので、年長者との付き合いが多くなります。無口になったときこそ話を聞いてあげましょう。

しっかり者のこじか

友だち同士の
潤滑油的な存在

　小さい頃から人付き合いが良く、年齢に関係なく誰とでもすぐに仲良くなれる特技をもった子どもです。相手の気持ちを察するのがうまいので、子ども社会の潤滑油的な存在としてみんなから重宝がられます。ただ、人から頼まれると嫌とは言えないので、何でも引き受けてパニックになることも。ケンカやもめ事が大嫌いなので、家庭内でも両親の仲が悪いとひねくれてしまいます。夫婦ゲンカも、この子の前ではタブーです。

華やかなこじか

ちょっと大人びた感じのある
おませさん

　でしゃばることを嫌い、いつも控えめながら相手に気を遣ういじらしい子どもです。どことなく品があり、育ちの良さを感じさせます。他人からどう見られているかをいつも考えているので、本当の自分をさらけ出すことはありません。ただ、幼なじみや心を許した相手には無防備になります。競争することや勝ち負けには無関心で、自分の興味のあることだけを見つめていたいと思っています。友だちをとても大切にする心優しい子どもです。

落ち着きのない猿

失敗を恐れない
ポジティブな行動派

　明るく夏の太陽のような存在の子どもなので、いつもみんなの人気者です。何事にもポジティブにチャレンジし、そそっかしいのでミスも多いのですが、失敗にめげず何度でも挑戦します。元気一杯の行動派なので、自然とみんなが集まってきます。ケンカすることも多いですが、翌日にはケロッとして後を引かないサッパリとした性格なので敵を作りません。周囲の力関係を見抜く力があるので、自分より格上だと感じると従順になります。

大きな志をもった猿

いつも大志を胸に抱いた
チャレンジャー

　何にでもすぐに興味をもち、積極的に取り組んで自分のものにしてしまう器用な子どもです。どんなことにもゲーム感覚で取り組むので苦労とは感じないのでしょう。素早くコツをのみ込む能力も天性のものです。堅苦しさを嫌い、楽しく過ごすのが大好きなわりには神経が細やかで警戒心が強いところもあります。自分の選んだ道を邁進するバイタリティは、一流に上り詰める可能性を秘めています。ただ、結果を焦りすぎると失敗します。

どっしりとした猿

おおらかさをもった
天性の勝負師

　いろいろな分野に興味をもち、天性のカンを活かして何でも短期的にマスターできる器用な子どもです。こだわりのないおおらかな性格ですが、早とちりも多いので周囲の誤解を招くこともあります。いつもは強気ですが、自信が揺らぐと急に弱気になってしまう繊細なところもあります。そのかわり立ち直りも早く、意欲的にチャレンジを開始するなど負けん気の強さが武器と言えるでしょう。いいライバルが出現すると実力以上の結果を出します。

気分屋の猿

争いを嫌う
人気者

　気取らずにフランクな付き合いのできる、愛すべきキャラの子どもです。人の気をそらさない処世術は天性のもので、競ったり言い争ったりすることが嫌いなので敵は作りません。自然と大勢の中でも注目を浴びる存在になります。打算や策略とは無縁で、穏やかな心の安定を大事にします。気が小さいわりには場当たり的な行動に出て後悔することもありますが、無理をせず淡々と楽しみながら毎日を過ごすのが理想です。とても才能の豊かな子どもです。

尽くす猿

人をとても大切にする
仲間意識の強い子

　敏感に状況を察知する感受性の強さは天下一品の子どもです。人の気持ちを瞬時にくみ取ることができ、親切で面倒見がいいので友だちは多いでしょう。でも、自分の感情はあまり表に出さないので、自分を理解してくれる仲間がいないと精神的なプレッシャーに押しつぶされてしまいます。自分の人生を自ら切り開いていく能力に恵まれていますが、器用すぎて何でも自分でやらないと気がすまないので、チームプレイはやや苦手かもしれません。

守りの猿

処世術に長けた
自信家

　社交上手で野心満々の自信家です。でも、生活の安定を第一に考え、物事を合理的に判断して最も効率の上がる方法を選ぶなど堅実さも兼ね備えています。社交的で人付き合いのうまさには定評がありますが、気が大きくなるとつい話も大きくなって背伸びしてしまうことがあります。小さい頃から金銭感覚には優れており、打算を忘れることはありません。そのせいか、友だちは多いのですが、心から付き合える親友は少ないほうかもしれません。

長距離ランナーのチータ

成功を夢見る
自信家

　独特のオーラで人を引きつける魅力をもった子どもです。実力以上に周囲からの引き立てで成功するという、生まれながらの幸運にも恵まれています。目先のことよりも、人生の大きな目標に向かって世界で活躍するようなダイナミックな夢をもっています。その夢を否定せず応援してあげると、やがてチャンスをものにします。多少自信過剰のところもありますが、自信がないより100倍素敵なことです。見通しが甘いので、そこだけは注意が必要。

全力疾走するチータ

超プラス思考の
チャレンジャー

　何事も全力で打ち込む努力家です。ただ、攻めているときは強いのですが、守りに入ると急に逃げ出したくなるという気弱な面が出てきます。超プラス思考なので、周囲の応援があればピンチもチャンスに変えて大きく飛躍する可能性を秘めています。批判や苦言は逆効果となるので、どんどん褒めてその気にさせてあげてください。小さな失敗は見て見ぬフリをして、良いことをしたらどんどん褒めてあげるのがこの子どもを成長させる秘訣です。

足腰の強いチータ

みんなが憧れる
センス抜群のスター

　頭の回転が速く、思い立ったら即実行する行動派の子どもです。カッコよく自分を演出するのも得意で、人の心をすばやく察知するカンと説得力が武器です。みんなから注目されればされるほど力を発揮する天性のスター性があります。でも、人から細かく指示されたり束縛されたりする環境では力を発揮できないので、放任主義で育ててあげてください。ヘアースタイルや服装にもカッコ良さを求めるので、そのセンスの良さも褒めてあげましょう。

品格のあるチータ

狙った獲物は
逃さないハンター

　明るく誰とでもすぐにうちとける親しみやすい性格の持ち主です。いつも自信たっぷりでマイペースに行動しますが、どことなく品があり、普通の子どもと違って大人びた雰囲気をもっています。世話好きの楽天家ですが、カンとヒラメキで行動に移すので失敗も多いようです。でも、そんなことは気にもとめず新たにチャレンジを続けます。短期集中型なので、無我夢中で何かに打ち込んでいるときには声をかけてはいけません。褒めて伸びるタイプの子どもです。

面倒見のいい黒ひょう

スタイリッシュな
楽天家

　着るものにこだわりをもち、他人から自分がどう見られているかをいつも気にしている子どもです。それ以外は、わりと細かいことには無頓着でのびのびとした明るい性格の持ち主。世話好きで、他人から頼まれ事をすると断れないお人よしな一面もあります。おっとりしているように見えても、多少の困難にはくじけない強さをもっています。しかし、プライドは高く独立心も旺盛。ちょっとあまのじゃくなところもあるので、何事も強制してはいけません。

情熱的な黒ひょう

クールに見えても
情熱家

　みんなに優しく、とても気がきく性格なので、友だちが多い子どもです。気さくに人と接する反面、心の中には燃えるような情熱を秘めており、勝気なしっかり者でもあります。社交的で、他人を引き込むような話のうまさは相手に説得力を与えます。常に新しいことに挑戦していたいという行動力もあり、さまざまな分野でリーダーになる素質をもっています。ただ、好き嫌いや感情に左右されやすく、理想と現実のギャップに悩むことも多いでしょう。

落ち込みの激しい黒ひょう

センチメンタルな
人情家

　繊細な心の持ち主ですが、負けん気が強いので自分の主張を曲げない頑固なところがあります。対人対応では、機転がきくので人付き合いは得意なほうです。人に対する観察力に優れ、トレンドをとらえるのも得意です。いつもは活発で元気ですが、いったん落ち込むと立ち直るのに時間がかかります。精神的なもろさから自分の中の二面性との葛藤を抱えがちです。ただ、一度波に乗ると努力と根性で最後までやりとげる芯の強さをもっています。

感情豊かな黒ひょう

無邪気さが魅力の
おませな子ども

　大人びた印象を与えますが、初対面の人と話をするのが苦手なシャイな性格をもっています。情にもろく他人の善意を疑わない純粋なところがあります。自分の欠点を認める素直さから、やや自信がないように見られてしまいますが、他人からいちいち干渉されるのは大嫌い。頭の回転が速く、何でもテキパキとこなす器用さをもった子どもです。具体的な目標があって自信をつければ、最後までひたむきに努力することができるでしょう。

気どらない黒ひょう

周囲に対する気配りを忘れない
配慮の人

　誰に対しても誠実に接する礼儀正しい子どもです。利害関係や打算に左右されない人柄は、周囲から信頼されます。義理人情に厚く、友だちなどへの気配りも抜かりないので、みんなから慕われます。でも、自分の世界を大事にするので、むやみに立ち入ってくる人には拒絶反応を示します。気取りがなく交際範囲は広いのですが、心から付き合える親友は限られてきます。しかし、気の合った友人とは、仲間意識の強い付き合い方をします。

束縛を嫌う黒ひょう

かまわれたいけど
束縛されたくないあまのじゃく

　友だちへの思いが強く、誰かのためにはとことん尽くせる人情家です。自然と周囲からの信頼を集めるので、友だちは多いほうです。感性に優れ、相手の心理状態を見抜くことも得意なので、自分がどうしなければならないかを即座に判断できます。世話好きではありますが、自分のことを詮索され過剰に踏み込んでこられると心のシャッターが下りてしまいます。礼儀正しさと新しい情報をキャッチするアンテナをもっており、将来はファッションの分野で活躍するでしょう。

我が道を行くライオン

プライドの高い
王子様・お姫様

　プライドが高く負けず嫌いで、自分が決めたことは絶対に誰の意見も聞き入れない頑固なところがあります。それだけに、決して弱音を吐かない意志の強さと妥協を許さない完璧主義の子どもです。まさに我が道を行く若き王者のような気質で、自分の運命は自分で切り開いていく独立心旺盛な努力家でもあります。反面、家ではとても甘えん坊のところもあり、そのギャップがかわいいのです。内面は神経質で警戒心が強いので、なかなか本音を言いません。

統率力のあるライオン

みんなをまとめる
名コンダクター

　一見穏やかな印象を与える社交的な子どもですが、自分の意見には絶対的な自信をもっているので、人の言うことは聞きません。相手が大人でも同等の立場で接しようとするところがあり、精神年齢はかなり高いようです。友だちの間でも、いつの間にかリーダーシップを発揮してみんなをまとめていきます。自分にも他人にも厳しいので、時々心理的ストレスから情緒不安に陥ることがあります。そんなときは、母性的な愛情で包んであげましょう。

感情的なライオン

実は、感動的な
王子様・お姫様

　徹底的に努力して、物事をひとりでどんどん成しとげる強い意志を
もった子どもです。普段は相手に気を遣って自分を抑えていますが、
時々感情のコントロールがきかなくなり、わがままな自分をさらけ出
してしまいます。機嫌のいいときと悪いときの落差が激しいので、扱
いは難しいところがあります。年少者や弱い者を守る気持ちが強いの
で、友だちからは慕われますが、親しい友人の前では急に甘えん坊な
ところを見せてしまいます。感動すると涙を見せる人情家でもあります。

傷つきやすいライオン

とっても繊細な
王子様・お姫様

　年齢に関係なくいつも堂々と振る舞っている大人びたところのあ
る子どもです。人の目を気にするので、外では優等生ですが、家に
帰ると別人のようにわがままになることがあります。内面的にはと
ても傷つきやすい繊細なハートをもっているので、何気ない一言で
深く傷ついてしまうこともあります。理想が高いので、いつも現状
には満足していません。上手に褒めて育てることで、理想的な大人
に近づいていくので、叱る教育は絶対にしてはいけません。

愛情あふれる虎

あふれる愛情で人に接する
人情家

　誰に対しても明るく接する、活発な印象の子どもです。社交的で行動力もあるので、誰からも好かれます。弱い者いじめが許せない親分肌のところがあり、リーダー的存在で周りから慕われます。人見知りすることもなく、誰とでもすぐに仲良くなれます。プライドが高いので、頭ごなしに叱ってはいけません。納得しないと絶対に自分からは謝りません。特に「言い方」にカチンとくるので、叱るときは言葉を選びましょう。バランス感覚抜群の正義感の強い博愛主義者です。

動きまわる虎

誰もが認める
最強のマスコット

　常に自分のペースを乱さない、責任感の強いしっかり者の子ども。自分にも厳しいですが、相手にもそれを求め妥協を許しません。自分の考えを押し通そうとする頑固な一面をもっていますが、どんな相手にも誠心誠意尽くすので友だちからは頼りにされます。誰に対してもものおじすることなくハッキリものを言うので、一目置かれる存在になるでしょう。何事も計画的に進めるので、親はあまり手がかかりません。強運の持ち主なので、将来は大物になる素養があります。

ゆったりとした悠然の虎

大人顔負けの立派な
子ども

　物事に動じない腹の据わったところのある、大人びた子どもです。人見知りをすることもなく、誰にもこびることのない悠然とした雰囲気をもっているので、自然と友だちが慕ってきます。一見近寄りがたいところもありますが、実は母性的で優しい性格です。頭の回転は速いのですが、あれこれ考えすぎて迷ってしまうことも。好き嫌いはハッキリしていますし、言いたいこともストレートに表現します。ベタベタした人間関係は苦手なので、大人として接してあげてください。

楽天的な虎

物事に動じない
楽天家

　年齢に関係なく、誰とでも平等に付き合うことができる子どもです。素直な性格なので、人を疑うことを知りません。でも、自分の思い通りにならないときなど、すねて親を困らせることがあります。楽天的な性格から、友だちからの相談事や頼まれ事が多くなってしまうでしょう。具体的な目標を与えてあげると、驚くほどの集中力で何事も成しとげてしまいます。ひとり遊びも平気なので、興味をひくものさえあれば何時間でもひとりで過ごすことができます。

パワフルな虎

エネルギーがあふれる
熱血漢

　子どもの頃から自分をしっかりもっているので、いつも年齢より大人びて見られます。成長するにしたがって本来の社交性を発揮して、男女とも親分肌なリーダーとして周囲から頼られる存在となります。生まれついての自信家で、負けん気の強さでも誰にも劣りません。他人から指図や意見されるのが大嫌いで、何でも自分でやってしまおうと努力します。正義感が強いので、弱い者を見ると放ってはおけない人情味あふれる優しさをもっています。

慈悲深い虎

菩薩のような
慈悲にあふれた存在

　誰に対しても細やかな気遣いができるので、交際範囲が広く、特に年上の人にかわいがられる子どもでしょう。慈悲深く温和な性格は、周囲をホッとさせてくれるので自然と人気者になります。いつもきちんとしていたいので、計画性のある生活を送ります。反対に臨機応変な対応は苦手なので、予定変更や思い付きの行動はストレスになります。お金の計算が得意で、金銭感覚も抜群です。理想と現実のギャップが大きくなるとヤケになることもあります。

社交家のたぬき

全方位外交が基本の
根っからの社交家

　いつもニコニコして人当たりのいい子どもです。自分の意見よりも相手の意見を優先して行動するなど相手本位の性格なので、あまり自分を出しません。そのせいか、何を考えているのかわからないところもありますが、八方美人的な気配りで社交性を発揮します。古いものや伝統のあるものに興味をもち、時代劇や相撲などを見ているときはおとなしくしています。いつもお母さんにそばにいてほしいと思っているので、優しく接してあげてください。

磨き上げられたたぬき

気配りでは誰にも負けない
礼節を重んじる人

　誰に対しても愛想が良く、嫌なことがあっても顔に出さない控えめな子どもです。大人の気持ちを察するのがうまいので、年配の人からかわいがられます。プライドが高いため、周囲から認められるとさらに頑張ろうと努力します。片づけや整理整頓が苦手ですが、人と接する能力はずば抜けているので、いいところを伸ばしてあげましょう。忘れ物が多いので、出かける前には必ず持ち物チェックが必要です。伝統と秩序を重んじる古風なところがあります。

大器晩成のたぬき

家族思いの
優しい子

　愛嬌があり、誰からも好感をもたれる子どもです。親の言うこともよく聞き、期待に応えようと一生懸命でけなげなところがあります。相手の気持ちを気にしすぎて、いつも自分の感情を抑えているので、精神的に疲れてしまいます。また、計画性はないので、スケジュール通りの行動は苦手です。家族の団欒が何よりのご褒美ですから、とりとめのない子どもの話を聞きながら一緒に穏やかな時間を過ごしてください。大人になって大成するタイプです。

人間味あふれるたぬき

どんな逆境にもめげない
芯の強い子

　礼儀正しく外では模範的な子どもです。みんなのまとめ役として友だちからの信頼を集めます。逆境に強く、少々のことではへこたれません。ケンカの仲裁も得意で、人間関係の潤滑油的存在です。その場をなごませてしまう不思議な力があります。個人プレイは苦手で、集団の中で能力を発揮します。あまり本音を言わないので、何を考えているのかわからないところがありますが、自分を犠牲にしてでも相手が喜んでくれることをしたいと思っています。

フットワークの軽い子守熊

夢を追い求める
ロマンチスト

　意志が強く、自分の夢に向かって長期的な展望に立って臨むロマンチストな子どもです。フットワークが軽くせっかちで落ち着きがありませんが、自分のくつろげる時間がないとストレスをためてしまいます。金銭感覚も備わっており、決してムダ遣いや衝動買いなどをしません。あまり自分の世界にばかり閉じこもっていると、「オタク」的になってしまうので、バランスが大切です。夜遅くまで起きていることがあるので、昼寝は不可欠です。

母性豊かな子守熊

母性本能をくすぐる
甘えん坊

　母性豊かで面倒見のいい、世話好きな子どもです。自尊心が強いので、プライドを傷つけられると怒り出して手がつけられないことも。感情に波があり、いいときとそうでないときのギャップが大きいのが特徴です。基本的には疑り深いので、いい話ばかりしていると信用してもらえません。考え方は保守的で、石橋を叩いて渡る慎重さが信条です。周囲に人がいないときには、甘えん坊な一面が顔を覗かせます。この子のゆったりとしたペースを乱さないようにしてあげてください。

コアラのなかの子守熊

のんびりムードの
楽天家

　スタートダッシュはききませんが、最後に笑うのは自分だと思っているので、いつも長期的に物事を考えることのできる子どもです。臆病だけど楽天家なので、気分によって行動する気まぐれさをもっています。カンがいいので、何でもすぐにのみ込んで大人をビックリさせることもあります。好き嫌いが激しいので、親を手こずらせることもしばしば。叱るときは、そっと小さな声で諭すようにしてください。大きな声で叱るのは逆効果です。

活動的な子守熊

夢と現実のギャップをもった
つかみどころのない子ども

　ひょうきんに見えますが、とても神経質で敏感な心をもった子どもです。涙もろい人情派ですが、打算が優先する大人びたところがあります。熱しやすく冷めやすいので、継続力が身につけば誰にも負けない人生を歩むでしょう。ロマンチックさと現実主義の二面性をもっているので、つかみどころがありません。外では活発でも、家の中ではゴロゴロとしていることが多いのですが、空想の世界に浸っているので叱らないでいてあげてください。

夢とロマンの子守熊

いつも夢見ている
ロマンチスト

　あっさりとした性格で、社交性をもった子どもです。夢見るロマンチストなので、常に遠い将来の自分を思い描いています。しかし、時に現実離れした考え方に周囲が振り回されてしまいます。感受性も豊かで、独特なものの考え方をする個性派ですが、やや感情の起伏が激しいかも。スローペースですが、負けず嫌いなので、何でも計画的に行動します。急かしてあれこれ指図すると、急にヤル気をなくすので長い目で見てあげてください。最後には必ず帳尻を合わせます。

サービス精神旺盛な子守熊

サービス精神を発揮する
道化師

　親しみやすく愛嬌のある子どもです。直感力に優れ、美的感覚にあふれたロマンチスト。穏やかな人間関係を保つために、旺盛なサービス精神を発揮するので、他人からは八方美人と見られてしまいます。内心は反骨精神の塊で、筋が通らないことはたとえ相手が大人でも容赦しません。霊感があるので、目に見えないことが見えたり感じたりするので、時々周囲から孤立することもあります。のんびり育てて素質を伸ばしてあげましょう。

人気者のゾウ

**外では優等生を演じる
人気者**

　ガンコな性格ですが、人見知りせず何に対しても積極的に取り組む
など年齢のわりには大人っぽい子どもです。遊びも勉強も熱心で、集
中力はずば抜けています。自然と周囲の注目を集め、頼られる存在と
して人気者になります。中途半端な妥協ができず、いつも完璧を目指
しているので疲れてしまいます。自信過剰になると他人の話を全く聞
かなくなり、周りが見えなくなってしまいます。家ではだらしないと
ころもありますが、おおらかに育てるとすごい子どもになります。

デリケートなゾウ

**態度は大きいけれど、実はデリケートな
ハートの持ち主**

　どっしりとした風格を感じさせる子どもですが、内面は神経質でと
てもデリケートなハートの持ち主です。先生の言うことをよく聞く頑
張り屋ですが、プライドの高さから短気なところがあるので、キレた
ら手がつけられません。束縛される環境は苦手なので、自由にのび
のびと放任主義で育ててあげましょう。向学心が旺盛で、興味をも
ったらとことん納得するまで取り組む努力家です。考える前にまず
行動します。いちいち細かなところまで干渉しないであげましょう。

リーダーとなるゾウ

いつの間にかリーダーとなっている
大物

　豪快な性格なのに愛嬌もある子どもです。誰とでも分けへだてなく付き合えるので、人間関係は円満です。強い者への憧れがあるので、自分からは決して弱音を吐きません。他人の気持ちを察するのが得意なので、仲間内ではいつの間にかリーダー的存在となっています。外でエネルギーを使い果たして帰ってくるので、家では少々だらしないところもありますが、大目に見てあげましょう。他人の話は聞いていませんが、小声の話は全部聞いているので内緒話はできません。

まっしぐらに突き進むゾウ

集中力と突き進むエネルギーは
天下一の子

　温和な性格で、男女を問わず誰からも人気があります。忍耐力が強く、少々のことでは動じない器の大きさをもっています。外交的な面と内向的でデリケートな両面をもっているので、どんな年齢の人にも大人顔負けの気配りができます。外で気を遣う分、家族にはわがままになりストレートに感情をぶつけてしまいます。小さなことには興味がないので、大きな目標を与えてあげると驚くほどの集中力でまっしぐらに突き進む努力家です。

協調性のないひつじ

程よい距離感を大切にする
気配り上手

　ひつじなのにみんなと群れるのを嫌い、自分ひとりの時間を大切にする子どもです。相手にばかり気を遣ってしまうので、どうしても気疲れから愚痴やボヤキが多くなってしまいます。積極性には欠けますが、自分を強く主張することもなく大河の流れのようにゆるやかに過ごしたいと思っています。周囲の目を気にして行動するので、常識をわきまえた行動をとります。収集癖があり、何でも集めてしまい捨てられなくなってしまうので整理整頓が課題。

物静かなひつじ

最初だけ物静かな
饒舌家

　先生の意見には逆らわず、安全な道を選んで歩く慎重派の子どもです。理想は高いので周囲に過剰な期待をしてしまいます。おとなしいのは最初だけで、親しくなるととても饒舌になります。スポーツマンというよりは勉強家なので、家にいるときは本を読んであげましょう。雑学博士になって友だちからは人気の的になります。人当たりは穏やかですが、自意識が強いので我を張ると親の言うことは聞きません。コミュニケーションは、まず話を聞いてあげるところから。

無邪気なひつじ

**天真爛漫でみんなから愛される
いい人**

　無邪気に誰とでもすぐに親しくなりますが、超寂しがり屋でやや自立心に欠けるところがある子どもです。物覚えが早く、何でも器用にこなすので、先生からは一目置かれます。目立つのが嫌いなので、自分の本音はなかなか出しません。新しい環境にはすぐに順応しますが、環境の変化に流されやすいので注意してあげないといけません。友だちから頼まれると断れない人のよさがありますが、自分で何でも抱え込んでしまわないようにしてあげましょう。

粘り強いひつじ

**争いが嫌いな
気配りの人**

　助け合いの精神と「和」を大事にする平和主義の子どもです。自分の好きなことには粘り強く取り組んで飽きることはありません。負けず嫌いで自信家なところもありますが、周囲の目が気になって仕方がありません。いくつになっても子どもっぽさから年齢よりも下に見られてしまいます。相手の意見をよく聞き、みんなに優しい心遣いを忘れない気配りの人です。いつもみんなと一緒にいたい寂しがり屋で、孤立するのを嫌います。友だち思いの愛すべき存在です。

チャレンジ精神の旺盛なひつじ

何にでもチャレンジする
お人よし

　人当たりは柔らかで、誰からも好感をもたれる子どもです。謙虚さを忘れず、助け合うことに喜びを感じるので、他人にはとても親切です。でも、負けん気の強さは人一倍で、何にでもチャレンジして自分の力でやりとげようとします。人から頼まれると断れない人のよさもあり、大変なことを請け負って後悔することもしばしば。あれこれ考えすぎるので、決断には時間がかかります。友だちの影響が大きいので、誰と付き合うかが鍵となります。

頼られると嬉しいひつじ

自然と周囲の人から頼られる
人情家

　義理人情に厚く、曲がったことが大嫌いな子どもです。友だちから相談されたり先生から頼まれ事をされることも多く、頼りにされるがぜん張りきります。おしゃべりが大好きで、仲良しな友だちと一緒にいるといつまでも話をしていてキリがありません。過去のことをいつまでも気にするので、前に進めなくなることも。企画力や想像力に優れており、友だちと一緒に何かやるときには欠かせない存在となります。価値観が一致した友だちとは生涯を通じて長い交流を図ります。

落ち着きのあるペガサス

豊かな感受性をもった
天才アーティスト

　愛想が良く、人なつっこい子どもです。とても社交的ですが、内心は神経質で他人に対する警戒心も強いので、なかなか本当の自分を出しません。自由奔放に行動するので先生や親はハラハラしますが、そこはじっとガマン。決して束縛してはいけません。直感力がずば抜けているので、何でも頭で考えるよりも自分の感性にしたがって行動します。フワフワしてつかみどころのない感じですが、豊かな感情表現は、将来天才アーティストに成長する素養かもしれません。

強靭な翼をもつペガサス

強烈な個性がキラリと光る
天才肌

　誰に対しても、ものおじすることなく気さくでフレンドリーな性格の子どもです。年齢に関係なく幅広い交際範囲で社交性を発揮します。ヒラメキだけで行動するようなところがありますが、頭の回転は速く、自分なりにちゃんと計算しています。常に変化を求めているので、単調なことの繰り返しには興味がありません。予想外の言動に振り回されてしまうこともありますが、走り出したら止まらない行動派なので仕方ありません。自由を愛する強烈な個性の持ち主です。

波乱に満ちたペガサス

ドラマチックな人生を楽しむ
外国人気質

　近寄りがたさと気安さを感じさせる、不思議な雰囲気をもった子どもです。感受性が豊かで、想像力の塊のような芸術家タイプです。普段は明るく活発ですが、気分にムラがあるので、友だち付き合いは波乱の連続です。誰も真似のできない特異な才能の持ち主なので、ピンとくる直感に従って自由に育ててあげると素晴らしい力を発揮します。人前で叱ったり、何もかも「ダメ」と厳しく育てると能力が開花せずに終わってしまいます。自由放任主義で育ててあげましょう。

優雅なペガサス

華やかなオーラをまとった
天才

　何でも一流を目指す外国人気質の明るい子どもです。幼少期から外国のものに強い関心をもっているので、英語教育に力を入れてあげると才能が開花します。適応能力は抜群で、何でも臨機応変に対応できます。スピーディーな行動力が魅力で、いつの間にかグループの中心にいます。飽きっぽくて何をやっても長続きしませんが、持続力がつけば怖いものはありません。波に乗っているときはいいのですが、逆境には弱いので温かくのびやかに見守ってあげることが必要です。

うちの子は目標指向？状況対応？

目標指向型

EARTH

狼

猿

虎

子守熊（コアラ）

FULL
MOON

黒ひょう

ひつじ

- 何事も目標を明確に定め、予定通りに行動したがる

- 公私の区別はキッチリ、仕事とプライベートを分けて考える

- 仕事は期限を決められないと動けない

- 人間関係は「本音」から始まり、本音を言わない人とは付き合えない

- 臨機応変な対応は苦手なので、予定外のことがあるともろい

あなたのお子さんは、まず目標を決めないと始まらないタイプですか？
その場の気分と状況で臨機応変に乗り越えるタイプですか？

状況対応型

SUN

チータ　　　ライオン　　　ゾウ　　　ペガサス

NEW MOON

こじか　　　たぬき

- 大きな方向性だけ決めれば、あとは臨機応変に対応する
- 計画通りに進まなくてもストレスにはならない
- 仕事は期限を決められるとプレッシャーになる
- 人間関係を重視するので、付き合いは建前から、本音は最後に言う
- 突発的な出来事や思いがけない変更には強く、本領を発揮する

うちの子は未来展望？過去回想？

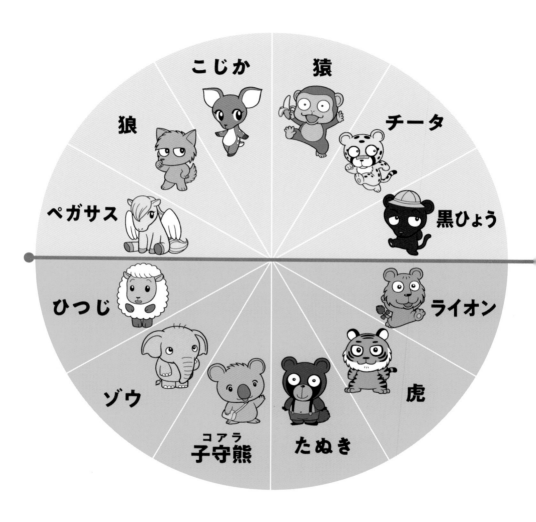

あなたのお子さんは、過去を切り捨てて明るい未来を
思い描くタイプですか？
過去を振り返りながら用意周到に準備をするタイプですか？

未来展望型

- プラス思考の楽観主義者
- 過ぎたことは気にしない
- 旅行はほとんど手ぶらの現地調達派
- 意思決定後に口を出されるとヤル気をなくす

過去回想型

- 石橋を叩いて渡る慎重派
- 過去の経験や実績を重視する
- 旅行へはあれこれもっていく用意周到派
- プレッシャーをかけられるとヤル気をなくす

うちの子はヒラメキ型？論理型？

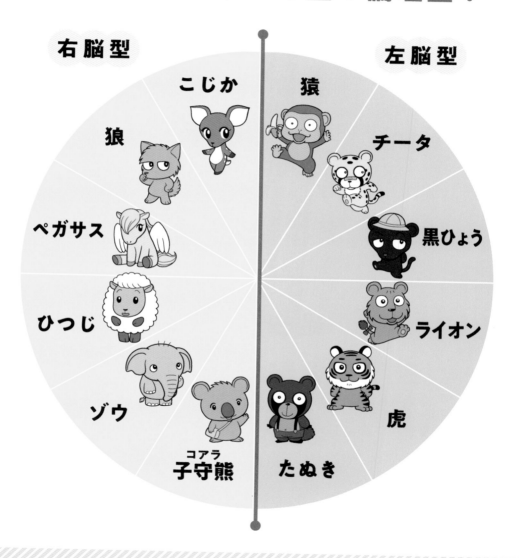

あなたのお子さんは、

心が優先で形のないものに引かれるヒラメキの右脳タイプですか？

視覚優先で形あるものに引かれる論理的な左脳タイプですか？

右半分が **左脳型**

● 経済エネルギーの高いグループ

● 現実を直視しながらデータを重視する

● イメージではなく、理論的に説明すると納得する

左半分が **右脳型**

● 精神エネルギーの高いグループ

● 想像力をたくましく働かせて、鋭い感性で受け止める

● 理論ではなく、イメージで説明されると納得する

親子関係がスムーズになる魔法の接し方
子ども編

子どもの性格は？

MOON
優しくて親思いの
うっかり者

MOON の子どもは、心優しい親思いの子です。動物や植物を愛し、友だちを大切にします。人の意見に左右されるなど、やや優柔不断なところもありますが、それは優しさから。ちょっと忘れ物が多いのは、ご愛敬。物事の理屈や仕組みを知りたがり、「なんで？」「どうして？」が口ぐせなので、その都度対応してあげましょう。

EARTH
自分の意見を
ハッキリ言う
しっかり者

EARTH の子どもは、何でも自発的に行動する手のかからない子です。きちんと計画を立てて、そのスケジュール通りに行動するのは得意。「自分は自分」という意識はゆるぎなく、親や先生にも意見をはっきり主張します。自分のペースを乱され、計画を狂わされることがストレスになるので、かまいすぎは NG です。

SUN
元気で自由な
ちゃっかり者

SUN の子どもは、明るく元気なみんなの人気者。やんちゃなところはありますが、憎めない存在です。じっとしていることが苦手なので、手を焼くこともあるでしょう。のみ込みが早いので、勉強しないわりには成績が良かったりします。型にはめることは、能力を半減させてしまい、ストレスになるので放任主義で OK です。

お子さんが親に求めるものは、当然、3分類によって異なります。
それぞれのタイプに合わせて、接してあげましょう。

子どもが大切にしたいものは？

MOON
形の
ないもの

MOONの子どもは、人から頼られると嬉しくなり、逆に嫌われることや仲間外れを絶対避けようとします。愛情・友情・使命感など形のないものを大切にします。

EARTH
形の
あるもの

EARTHの子どもは、目標を決めてそれを達成することが重要と考えているので、何に関しても結果を出すためには無理をしてでも頑張ります。結果・数字・お金など形のあるものを大切にします。

SUN
ハクを
つけてくれる
もの

SUNの子どもは、周りから注目され、認められることを重要視するので、資格にも興味あり。権威・権力・組織など、自分にハクをつけてくれるものを大切にします。

子どもが親に望むことは？

MOON
最後まで
話を聞いて
ほしい

　たっぷりの愛情を与えてほしい MOON の子どもは、いつまでも親に甘えていたい甘えん坊。話を最後まで聞いてもらえると安心します。スキンシップも喜ぶので、優しいハグも元気の源に‼

EARTH
愛情は
形で示して
ほしい

　自分のことは何でも自分でこなす自立心旺盛な EARTH の子どもは、計画通りに進めていきたいのでペースを乱されたくないと思っています。愛情の強さは、お金やプレゼントで測ります（笑）。

SUN
いちいち
干渉しないで
ほしい

　型にはめられたくない SUN の子どもは、自由にのびのびと生きていたいので、自分の思いや願望を尊重してほしいと願います。計画性を求められたり、時間を管理されたりするのは苦痛。

親 に 対 す る 愛 情 の 測 り 方 は ？

MOON

- 何でも自分と一緒にしてくれるか
- 自分の気持ちをわかってくれるか
- 自分の話を最後まで聞いてくれるか
- スキンシップをもってくれるか
- 愛情一杯で育ててくれるか
- 優しく接してくれるか

EARTH

- 自分の部屋を与えてくれるか
- お小遣いをきちんとくれるか
- 自分が何かをしている最中に邪魔をしないか
- 自分のペースを乱さないでくれるか
- 自分が頑張っていることを認めてくれるか
- あれこれ聞かないでいてくれるか

SUN

- 自分の心や願望を大切にしてくれるか
- 型にはめず何でも好きにやらせてくれるか
- 褒めてくれるか
- 不安なときは察してくれるか
- のびのびと育ててくれるか
- 押し付けないでくれるか

子どもにとって他人とは誰？

MOON
見たことも 聞いたことも ない人

　MOON の子どもにとって、親兄弟、先生、友だちは他人ではありません。MOON にとっては、見たことも聞いたこともない、文字通り赤の他人が「他人」です。

EARTH
自分の 皮膚の外

　EARTH の子どもにとって、親は自分を産んでくれた他人、兄弟は共に暮らす他人、先生はもちろん他人。EARTH にとっては、自分の皮膚の外が「他人」です。

SUN
眼中に ない人

　SUN の子どもにとって、どんなに優しくしてもらってもある日突然、他人に。SUN にとっては、自分の心のシャッターの外側にいる人、眼中にない人が「他人」です。

どんな褒められ方で、モチベーションが上がる？

MOON

「〇〇さんが 褒めていたよ」 が効果的

「いい子」と思われたい MOON の子どもは、褒められると嬉しがります。直接褒められるよりも「お父さんが褒めていたよ」などと間接的に褒めたほうが、素直に喜べるでしょう。

EARTH

褒める ＋ ご褒美 でご機嫌に

現実的な成果を好む EARTH の子どもは、褒め言葉だけでは不十分。お小遣いやプレゼントなど、実際に報酬をもらえることで達成感を味わうことができるでしょう。

SUN

とにかく大げさな 褒め殺しが GOOD

SUN の子どもは、とにかく褒められるのが大好き。「褒められて伸びる」を地でいく子なので、大げさなくらいがちょうどいいでしょう。人前で賞賛されると、さらにヤル気 UP!!

どこで勉強するのがベスト？

MOON

リビングで
勉強が◎

MOON の子どもは、親の顔が見えるリビングで勉強すると心が落ち着きます。ひとりきりで勉強するのは向いていません。友だちと一緒に宿題したりするのも大好き。少人数の塾なども向いています。

EARTH

自分の部屋で
勉強が◎

自分と他者をハッキリ分けたがる EARTH の子どもは、ひとりで目標へと突き進みたいタイプ。兄弟と一緒の部屋は NG で、ひとり部屋を与えられることで、勉強の効率も格段に上がります。

SUN

そのときの
気分で決める

SUN の子どもは、気まぐれ。勉強する場所もそのときの気分で決めるので、日によって合うところが変わるでしょう。計画性はなくてもやるときはやるタイプで、成績も不思議と優秀です。

成績を上げるためには何が効果的？

MOON

**同じ目標をもつ
友だちの存在で
ヤル気に火がつく**

人間関係の影響を強く受ける MOON の子どもにとって、クラスメイトとの関係性や先生との相性はとても大事。信頼できる友だちと同じ志望校を目指せるような環境が整うとベスト。仲良しの子と同じ学校に行きたいという気持ちから、受験勉強にも俄然ヤル気が出てくるでしょう。

EARTH

**ライバルの存在で、
めきめき成績UP**

将来のビジョンを早くから明確に決めている EARTH の子どもは、その夢の実現のために勉強も猛烈に頑張るでしょう。良いライバルがいると「絶対に負けたくない」と闘志を燃やし、ひとりで頑張るときより遥かに力を発揮。お小遣いなどご褒美がかかっているとさらにヤル気が倍増。

SUN

**型にはめられない
個性重視の学校が
◎**

規格外の才能を発揮する SUN の子どもは、画一化された教育制度やガチガチに制約されている環境ではその良さを活かすことができません。視野が広く海外志向も強いので、インターナショナルスクールなどもおすすめ。世界的に活躍する大人に成長するでしょう。

通知表や成績を見る視点の違い

MOON
先生の手書きのコメントが気になる。

EARTH
クラスで何番か、ライバルの子に勝ったかなど、
数字や結果が気になる。

SUN
他人の評価はあまり気にならない、
そもそも通知表を見ないことも多い。

手洗い

MOON
親の見ているときだけ洗う。

EARTH
帰宅すると必ずきっちり洗う。

SUN
洗ったフリをする。

ウチの園の子どもを見ていても、３分類で手洗いは全然違います。MOON の子どもは、先生が見ているときは、丁寧に洗っていますよ!!

先生が見ていると、丁寧に洗うのですね。

EARTH の子どもは、先生が教えた通りにしっかり洗います。

きちんとしていますね。

SUN の子どもは「洗ったよ」と言いますが、手は乾いていたりします。「洗ったの？」と突っ込むと「え！」とかたまりますね。（笑）

ははは、そうですか。３分類の特徴を知っているか知らないかで、大きく違ってきますね。

はい。実際の言葉かけや対応が変わってきますね。では次に、親御さんの動物キャラを見ていきましょうね!!

第 **2** 章

ママ・パパは、
何グループ？

一人ひとりの子どもに個性があるように、
もちろんママ・パパにも個性があります!!

ママ・パパのキャラは何でしょう？
20ページでママ・パパの動物キャラクターを
調べてくださいね!!

まずは、動物キャラ別にママ・パパが、
子育てでどのような個性や価値観があるのかを
見ていきましょう!!

もちろん、保育士、小学校の先生など、
子どもと関わっている職業の方も必見です。

狼

干渉しない教育方針で、
のびのびとした子育てを実現

　精神的な自立を重んじる「らしさ」を子育てでも発揮。子どもとは自立を重視した向き合い方をします。甘やかすよりも早くひとり立ちしてほしいという思いをもっているので、子離れは早いほう。ドライな教育方針は子どもの自主性を伸ばす一方、場合によっては「うちの親は冷たい」と子どもに感じさせてしまう心配もあります。

ママ	子どもが生まれると、愛情の対象がパパから子どもへと一気に移ります。個性的な子どもに育てたいと思っているので、他人との比較には興味がありません。時間やルールを破る人を嫌います。自分の理想の子育て像を描いているので、子どもを自分の思い通りにしたがります。
パパ	子どもが生まれると仕事に精を出し、家族をとても大事にします。早く自立してもらいたいので、多少厳しくもありますが、子どもの人格も尊重します。経済的に独立するまでが「子ども」と考えています。普段はベタベタしませんが、心から子どもを愛しています。

こじか

愛情の化身で、子ども中心に。
夫婦間には隙間風が吹きがち

　こじかの子育ては、自分を犠牲にするスタイル。自分の分身とも言える我が子に対する愛情は半端ありません。それが裏目に出て、子どもがいくつになっても過干渉気味になってしまい、思春期を迎えた子どもには鬱陶しく思われることも。親子間の確執を生むこともあるので、お互いの人生を尊重するような意識をもつとよいでしょう。

ママ

　子育てに一杯いっぱいで、特に0歳から5歳頃までは、自分を犠牲にして子育てに没頭します。人間関係に敏感で、公園デビューやお母様方との付き合いに気を遣いすぎてストレスもたまります。パパが育児の疲れを聞いてくれないと悲しくなります。

パパ

　子どもが生まれると、すべて子ども中心となります。子どもの写真をもち歩き、携帯の待ち受け画面にも。目の中に入れても痛くありません。マイホームなパパですが、仕事上の付き合いも断れないのでストレスをためてしまいます。週末は、家族との絆をとても大切に考えています。

猿

子どもと同じ目線に立つので、
フレンドリーな親子関係に

　猿の子育ては、自然でフレンドリー。子どもが最低限のことさえクリアしていればOKというスタンスです。子どもはストレスなくのびのびと育つでしょう。「長所進展法」をモットーに、悪いところを直させようとするのではなく、良いところをとことん伸ばそうとするので、子どもの才能を開花させやすいのも魅力。

ママ

　絶対にほかのママに負けたくないので、常に育児書などを読んで平均以上の子どもに育てようとします。負けん気は強いのですが、サバサバした性格です。子どもが成長するにしたがって、子どもとは友だちのような感覚で付き合える、何をやっても憎めないオテンバのママです。

パパ

　世界で一番自分の子どもがかわいいと思っています。子育てもゲーム感覚で、夫婦間で役割分担をきちんと決めたがります。子どもだけでなく、自分や家族も楽しめるプランが大好きで、いくつになっても大人になりきらない子どもっぽさが魅力のパパです。

チータ

体験を重んじる実践派。
野生の本能で強い子どもを育成

　実践を通じ、たくましい子どもを育てるのがモットー。子どもには何でもやらせてみて、失敗も経験させながら成長を後押しするという信念の持ち主です。自然が大好きなアウトドア派なので、夏休みには遊園地よりもキャンプやバーベキューに連れて行き、大自然の中で自由にダイナミックに遊ばせたいと思うタイプ。

ママ

　行動派のママ。どこへ行くにも子ども連れで、その行動範囲は無制限。ファッションにも敏感で、服装は派手。子どもにも可能性を求めるので、自身ができなかったことを全部させようとします。自分のお稽古事も多彩ですが、長続きしないのが難点。イケイケで人気者のママです。

パパ

　子どもが生まれると、ハッスルしてしまうパパ。でも自分中心なので、忙しいときは知らん顔。子どもは、外で走り回って傷のひとつも作るくらいでないと、と信じています。運動会などでは自分も張りきってしまいます。おだてるとお小遣いをくれる、そんなわかりやすいパパです。

黒ひょう

強すぎる愛情ゆえに、やや過干渉気味になりがち

　母性愛・父性愛の強い黒ひょうは、子どもをとてもよくかわいがります。ただ、愛情が強すぎるがゆえに過干渉になってしまう可能性も。あまりに口うるさくすることで、煙たがられてしまう可能性もあります。いつまでも子ども扱いするのではなく、もう少し信頼し、大人と同じように対応してあげる余裕をもてば、親子関係は良好になるでしょう。

ママ

　最新情報を駆使した子育てトレンドを実践するハイセンスなママ。ただ、情報に振り回されて時々方向性を見失うことも。子育て中でも自分の時間は大切にします。カッコいい子育てを理想とし、欧米流を取り入れたりもします。子どもの服もシックに決めたいです。

パパ

　子どもに振り回されがちな子煩悩パパ。いつも子どもに話しかけながら自分の存在をアピールします。子どもにとってパパが一番でないと気がすまないのです。子どもがママばかりになついていると、嫉妬してしまいます。子育てに関してママと口論になることもしばしばあります。

ライオン

厳しい英才教育で、強く賢い子を育てるのが生きがい

「我が子を谷底へ突き落す」と言われる野生のライオン。その性質をもっているので、とにかく強く賢い子どもを育てるのが生きがいであり愛情の証。世間体を大事にするので、子どもの教育には熱心。躾に厳しく、早いうちから英才教育に乗り出すでしょう。その熱い姿勢も度が過ぎてしまうと、遊びたい盛りの子どもと衝突することも。

ママ

子育てには厳しく、常に完璧主義を目指すので妥協することはありません。そのため、時に心の余裕をなくすことも。学校の役員を引き受けたり、地域のリーダーとして活躍したりします。礼儀礼節に最も厳しく、格付けにもこだわりを見せる教育ママとなります。

パパ

子どもが生まれると、これでやっと俺も一人前と悦に入ります。常に一流を目指すので、子どもにも厳しくそれを求めます。子どもにママを独占されてしまうのは許せず「俺と子どものどっちが大事なのだ」と爆発することも。外では毅然としていますが、自分が甘えたいのです。

虎

大事にしつつも干渉しない、
適度な距離感でお互いにストレスフリー

　バランス感覚の良さを子育てでも発揮。子どもをとても大事にしますが、猫っかわいがりをするようなことはなく、あくまでしっかり自立できるように手助けするというスタンスをとります。子どもを信頼しているので、むやみにプライベートに立ち入るようなこともなく、それが子どもにとって最高の環境を生み出します。

ママ

　子育てと仕事の両立ができるキャリアウーマン的なやり手のママ。子育てに手を抜くことなく、中途半端が嫌いな頑張り屋さん。博愛の精神が強いので、他人の子どもでも悪いことをしたら叱ります。バランスを崩すとイライラが爆発することもあるので、パパの協力が不可欠です。

パパ

　子どもが生まれると、今まで以上にパワフルに仕事に励んでしまう熱血パパ。正義や真実を重んじるので、子どもに対しても反道徳的なことは許しませんが、それ以外の細かいことには口を出しません。感情的になることは少なく、理論的に話をしてくれる優しい、いいパパです。

たぬき

家族の喜ぶ顔を原動力に、分けへだてなく愛情を注ぐ

　優しくて穏やかな子育てを実践するたぬき。兄弟姉妹に平等に愛情を注ぐので、子どもはすくすくと育ちます。愛情の深さゆえについ過保護になることもありますが、子どもの成長と共に親子の距離感も程よいものになっていくでしょう。押し付けがましくなく信頼を寄せる姿勢で子どもの個性と才能をおおいに引き出すことができます。

ママ	いつも子どものことを優先し、さらにパパのことも忘れないので、自分のことは後回しになってしまいます。家族の喜んでいる顔を見るだけで満足してしまうのです。我慢強く弱音を吐かないところは見事ですが、適度なガス抜きが必要です。何でも話せるママ仲間がいればOK。
パパ	子どもが生まれても、実感がわかずに戸惑うかわいいパパです。どう接したらよいかわからないので、遠目に温かく見守るような子育てとなります。子どものことはママに任せて、自分の仕事をきちんとこなそうと努力します。役割分担をしながら、ママの負担を軽くしてあげましょう。

子守熊
<ruby>子<rt>コ</rt>守<rt>ア</rt>熊<rt>ラ</rt></ruby>

"子守"熊というだけあって、子育ては得意中の得意

　いつも子どもを背中に背負っている動物の子守熊<ruby>（<rt>コ</rt>）</ruby>のイメージ通り、子育ては得意で、過度なストレスを感じたりすることは少ないタイプ。将来を見据えた教育方針を軸に、たっぷりのエネルギーと愛情を注ぎ、子どもを育てます。ヒステリックに怒鳴ったりすることもないでしょう。やや神経過敏になりがちなので、適度なおおらかさをもって。

ママ

　心配性なのでちょっとしたことでも病院に連れて行く神経質なママ。子育てに熱心なあまり、自分が精神的に参ってしまうこともしばしば。体力を消耗しないように、家の中での子育てが中心となりがちです。子どもと一緒に昼寝をするなど、リラックスしながら子育てできると楽です。

パパ

　常に長期的な展望に立って物事を考えるので、子どもが生まれると成人するまでの将来設計をします。外で頑張って仕事をしている分、家ではのんびりしたいので、育児に熱心ではなく、自分のペースが大事。でも、親の自覚はあるので、経済的に困らせるようなことはありません。

ゾウ

教育熱心な姿勢が、時に子どものプレッシャーに

自分は子どもの頃、親に干渉されるのが嫌いで自由に育ててもらいたかったにもかかわらず、我が子にはついつい厳しい躾をしてしまうのがゾウ。親のメンツとプライドにこだわるあまり、子どもにプレッシャーを感じさせてしまうこともあります。少し肩の力を抜くようにすれば、お互いにゆったりとした気持ちで過ごせるでしょう。

ママ

子どもは自由に育てるのが一番と言いながらも、自分の高い理想通りに育てようと一生懸命になるママです。子育て中のゾウママには怖いものなどないので、一家の中心は当然ママです。世界で活躍できるグローバルな子どもに育てたいので、欧米の教育システムにも興味があります。

パパ

子どもが生まれると、父親としての威厳が備わってくる古風なパパ。子育ても方向性だけ決めて、細かいことには口を出しません。子どものことに関してはママに全幅の信頼を置いてお任せです。おおらかな放任主義ですが、言うことを聞かないと大きな雷を落とすことがあります。

ひつじ

**愛情があふれるあまり、
過干渉になりがち**

　愛情深いひつじの親。大切に育てたいという気持ちが先行するあまり、度が過ぎたお世話をして、子どもが成長してもなかなか子離れできません。世間体を気にするタイプでもあるので、みんなと足並みをそろえてほしいという思いが強く、学校での出来事をすべて聞き出そうとするなど過干渉になりがちなので、適度な距離感をとるといいです。

ママ	周囲のお母さんと足並みをそろえて同じように頑張ってしまうママ。「みんなと一緒」が理想なので、個性が強い子どもだと逆に心配になってしまいます。ついパパに愚痴ってしまいますが、話を聞いてもらうだけで満足なのです。お行儀などにはうるさいママです。
パパ	家事も積極的に手伝う理想的なパパ。家族サービスが生きがいで、家族の輪をとても大切にします。隣近所との付き合いも熱心で「いいお父さん」と言われることに快感を覚えます。みんなの喜んでいる顔を見て幸せな気分になれるので、頼りにされるとますます頑張ってくれます。

ペガサス

自身のスケールの大きさを活かし、グローバルな子どもを育成

　自分が束縛されたくないので、子育てにも自由放任主義。うるさいことは言わず、常識にもとらわれずにのびのびと育児に臨みます。子どもの才能を見抜くセンスがあるので、世界的に活躍する、未来の大物を育て上げる可能性も。国際社会で渡り合うことができる子どもを育てるために奮闘し、早くから海外留学を視野に入れるでしょう。

ママ

　子どもが生まれても、基本的には何も変わらないペガサスママ。子育ても集中的に頑張りますが、面倒くさがり屋なので、保育のプロに任せてしまいがち。常識にとらわれない天才的な育児法で自らも子育てを楽しみます。子どもと個性が一致すれば、天才を世に送り出すでしょう。

パパ

　自分が子どものように自由で天真爛漫なので、父親としての自覚がうすいパパです。自分が束縛されたくないので、子どもを束縛することもありません。芸術家的な自由人なので、子育てにもムラがありますが、この無邪気さのおかげで、子どもは早く大人になります。

親 の 性 格 は ？

MOON

目指すのは
人格者

月のイメージは、やわらかく、優しく包み込んでくれ、癒してくれそうな感じ。でしゃばらずひっそりと輝いています。また、月は時々刻々とその形を変えることから、相手によって姿・形を変える「相手軸」です。人から何か頼まれるとNOとなかなか言えません。できれば競争などせず、仲良く信頼し合い、世のため人のために生きていきたいと思っていますが、意外と頑固者でもあります。

EARTH

目指すのは
実力者

地球のイメージは、地面そのもの。まさに、地に足がついているといった感じです。EARTHの E はエコロジーで、ムダが嫌い。中間のARTはアート（芸術）で、実際、デザイナーの70％以上がEARTHです。最後のHは、ヒューマン。人間観察が大好きな「自分軸」です。自分のペースを乱されるのが嫌いで、何事にも白黒をはっきりとつけたがり、負けず嫌いです。

SUN

目指すのは
成功者

太陽のイメージは、常に力強く光り輝きギラギラ。近づきすぎると暑く、離れすぎると寒いといった感じでしょう。太陽系の真ん中ですから、常にみんなの中心であることを望みます。周囲から「すごい」と言われるような話やステータスが大好きですが、乗っていないときは別人のようになってしまう「気分軸」です。不安をなくすため、安心を手に入れるために頑張ります。

ママやパパがお子さんに求めるものは、当然、3分類によって異なります。
それぞれのタイプを知りましょう。知ったうえで、94ページからの
お子さんの性格、求めているものと見比べてみると、
より個性や価値観の違いが理解できるかもしれませんね!!

親が子どもに望むことは？

MOON
**誰とでも仲良く
できる子どもに
なってほしい**

人間関係を重視するMOONの親は、誰からも好かれる常識的な子に育ってほしいと強く願います。友だちもたくさんいてほしいし、仲間外れになったりしていないかなど、常に心配しています。

EARTH
**目的をもち、結果
を出せる子どもに
なってほしい**

EARTHの親は、確固とした目的をもち、それをきちんと達成できるペース配分の上手な子に育ってほしいと思っています。また競争意識も強いので、成績でもケンカでも、同級生に勝つことを望みます。

SUN
**表彰状をもらえる
子どもになって
ほしい**

「社会的な権威」に弱いSUNの親は、表彰状をもらえる子を望みます。型にはまった学校の成績には無関心で、通知表も気にしません。臨機応変に対応のできる、インターナショナルな子になってほしいと思っています。

親はどんな子どもに育ってほしいか

MOON

- 男の子は、強くたくましい子
- 女の子は、優しく思いやりのある子
- みんなと仲良くできる子
- 人に迷惑をかけない子
- はっきり言う勇気をもってほしい

EARTH

- 世の中の役に立ち、自分の人生を楽しめる子
- 目標や責任をもち、自立した子
- 自分の意見をきちんと言える子
- 結果が出せる子
- やりたいことを見つけて自分らしく生きる子

SUN

- ユーモアのセンスがわかる子
- 思いやりのある子
- 自分の意思がはっきりして自分で考えられる子
- 察しのいい子
- 臨機応変の対応ができる子

親 が 不 安 を 抱 く こ と

MOON

- いつもひとりで遊んでいる
- 友だちがあまりいない
- 気配りができない
- 思いやりがない

EARTH

- 目的をもたない
- 結果やツメが甘い
- 意思がコロコロ変わる
- お金の扱いがルーズ

SUN

- 頑固な子ども
- のみ込みが悪い
- 臨機応変に対応できない
- 表彰状がもらえない

親子間の“なぜか、うまくいかない”は
こう解消しましょう

　第1章の28ページでお伝えした「じゃんけんの法則」を知っていれば、日常生活の中でストレスを感じることもぐ〜んと少なくなるでしょう。

　相互の関係性を理解できるので、ムダなことにエネルギーや時間をかけなくてすみ、より良い親子関係を築いていくことができます。

　3グループ別に、お子さんとどのように接していけば、より伝わりやすいのかを伝授いたしますね。参考にしてみてください‼

MOONのママは言葉で子どもを伸ばそう

● MOONママ ➡ ● MOONキッズ

　MOON同士なので、特にストレスはないと思います。ですが、必要以上にベタベタしていると、お互いに親離れ・子離れするタイミングが遅くなる傾向があります。叱るときも「なぜ、今叱っているのか」というところから、説明していることでしょう。

　じゃんけんの法則以前に、ママのほうが立場が強いわけですから MOON の子どもに不要なストレスをかける必要はありません。ママが言われると嬉しいことが、子どもも言われて嬉しいことです。

● MOONママ ➡ ● EARTHキッズ

　EARTH の子どもに対して、ついついくどくど叱ってしまいがちです。じゃんけんの法則で勝っていますから、ママの想像以上に言葉が相手に突き刺さります。

　特に思いやりという部分で「どうして、あなたはそんなに思いやりがないの？」という叱り方をしてしまいがちです。「どうして」というのは、何事に関しても使ってはいけない言葉です。

　子どもが自分の中で「どうしてなのだろう？」と考えるのですが、これに関しては答えが出るはずもありません。MOON のママは気をつけてくださいね。

● MOONママ ➡ ● SUNキッズ

　MOON のママは、じゃんけんの法則で負けていますので、普段から注意しにくかったり叱りにくいと感じていて、実際あまり叱り

ません。ですが、叱るとなると大爆発。以前の出来事まで引っぱり出してきて、まとめて叱ってしまいます。昔のことまで言われても、残念ながらSUNの子どもは覚えていません。くどくど叱られても聞いていませんし、聞いていたとしても頭に残っていません。

　叱られていることはきちんとわかっていますので、叱る時間は短く。気持ちの切り替えが早いので反省の色がないと映ってしまいますが、自分が悪いと思えば反省しています。

EARTHのママはペース配分を心がけて

 EARTHママ ➡ MOONキッズ

　じゃんけんの法則では負けていますが、MOONの子どもは基本的に従順であることが多いので、よく言うことを聞きます。何かを頼んできたとき、EARTHのママは心して聞かなければ、後々ずーっと恨まれるようなことになりかねません。

　先生に「明日は、白い靴を履いてきて」と言われて、白い靴がなかった場合、わざわざ買うのはもったいないと考えるので、「白っぽかったらいいんじゃない？」「先生に聞いてあげる」などと返します。こう言われたら、MOONの子どもはパニック寸前です。基

本的にみんなと一緒でないと、ものすごくストレスがかかるのです。

EARTHママ ➡ EARTHキッズ

　EARTH同士であれば、お互いのペースや都合もあるかもしれませんが、立場的にママが勝ちます。ママは、子どものペースを乱すことになりがちです。ペースを乱されたEARTHの子どもはストレスをためてしまいますので、突然ではなく、事前に予定を組みやすいタイミングで物事を頼むように伝えておくといいでしょう。自分がされて嬉しいようにしてあげてください。

　EARTH同士の場合は、必要事項しか言わない傾向が強くなり、当人同士はかまわなくても、周りにはケンカのように聞こえたりもするので、そのあたりの自覚はもつようにしましょう。

EARTHママ ➡ SUNキッズ

　EARTHのママは、何か用事を頼むとき「午前中までにこれをやっておいてね」などと期限を切って頼みます。時間で管理されることは、SUNの子どもにしてみればプレッシャー。逆らえないので用事を必死にこなして終わらせますが、それが当たり前のEARTH

のママは、お礼を言いません。褒めてほしいSUNの子どもは、ストレスをどんどんため込んでいきます。一定レベル以上ためこむと、突然、言うことを聞かなくなります。

　計画を立てる習慣がないのできちんと教えてあげないとわかりませんが、細かく言いすぎると話を聞きません。

SUNのママは子どもに歩み寄ろう

 SUNママ ➡ MOONキッズ

　MOONの子どもに対しては「あなたのために今は時間を取って話をきちんと聞いているわよ」ということを姿勢で表さないと伝わりません。例えば、MOONの子どもが、頑張って勉強してもらってきた良い通知表を、ママに褒めてもらおうと思い「通知表をもらってきたよ」と言っても、SUNのママは台所で忙しくしていて「そこに置いといて。後で見るから」などと返します。こういうときは、自分がしている用事の手をとめてあげましょう。

　何かをしながらでは、MOONの子どもはとても寂しがります。でも、**じゃんけんの法則**で負けていますから何も言えません。

SUNママ ➡ EARTHキッズ

　EARTH の子どもがひとつのことを自分なりに考えて、順序や段取りなどをきっちり決めてから行動しようとしているのに、そんなことはわからずに、どんくさい子どもに見えてしまい、ついつい「さっさとしなさい」と言ってしまいますが、これは NG言葉です。

　SUN のママは臨機応変に同時にいくつもこなし、状況に応じて対応できますが、EARTH の子どもは行動の前に考えますので、ママのようには動けません。何か言ったときに矛盾点があればそこを指摘してきます。その辺が特にカチンときてしまいます。

SUNママ ➡ SUNキッズ

　SUN 同士の価値観で話をしていると、お互いにあまりストレスはないでしょう。ですが、ママが言うことを聞かせようとしても、SUN の子どもが乗ってないときであれば、言うことを聞きません。というより、聞けないのです。そういうときに、いくら言ってもムダ。ママは自分にもそういうときがあるのでわかっているはずなのに、他人に対してはあまり理解を示さない場合があります。

　ここは、ママが子どもの状態を察してあげてくださいね。

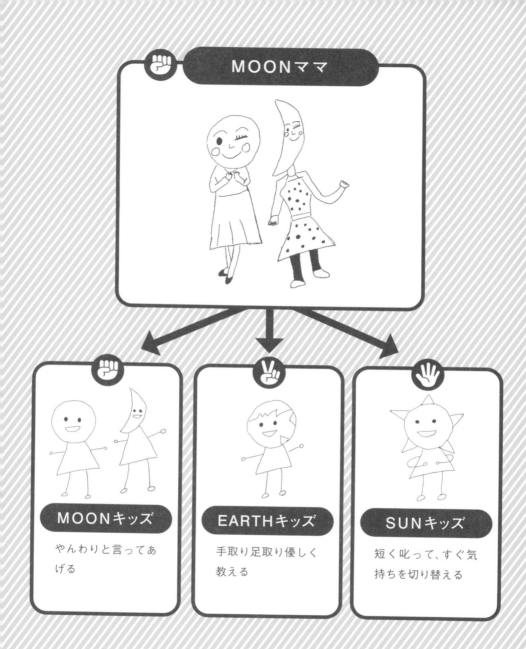

MOONママ

MOONキッズ
やんわりと言ってあげる

EARTHキッズ
手取り足取り優しく教える

SUNキッズ
短く叱って、すぐ気持ちを切り替える

EARTHママ

MOONキッズ

「どうして？ 本当に？」
と聞いて子どもをパニ
ックにさせない

EARTHキッズ

事前に予定を組める
ように物事を頼む

SUNキッズ

期限を切られると苦
痛になってしまう

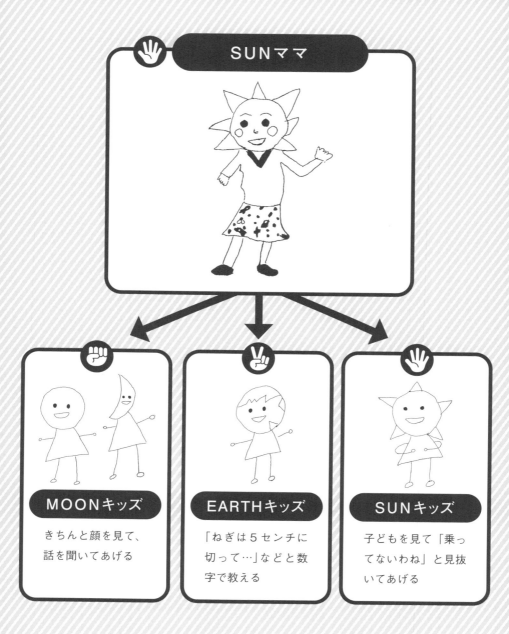

SUNママ

MOONキッズ

きちんと顔を見て、話を聞いてあげる

EARTHキッズ

「ねぎは5センチに切って…」などと数字で教える

SUNキッズ

子どもを見て「乗ってないわね」と見抜いてあげる

ママ・パパと
お子さんとの相性も重要です!!

大好きな彼や彼女との相性などを調べたことは、誰でも一度はあるかと思います。では、お子さんや親御さんとの相性を調べたことはありますか?

もちろん親子にだって相性はあります!! 血縁関係にあるから何でもわかり合えて相性が良いとは限りません。血がつながっているからこそ、あの態度が、あの発言が気に入らないなんてことも(笑)。

ケンカをしない親子なんていませんが、動物キャラの相性を知っていれば、無用なストレスは避けられますよ。

親子のキャラの組み合わせは、144通り☆

キャラ別の子育てワンポイントアドバイスです!!

親が
狼で、子どもが

狼
同じキャラだと欠点に目が行きがち。似たもの同士ですから、理解してあげましょう。

こじか
すぐに寄ってきてくっつくので、家事がはかどらず怒鳴ってばかり。たまには抱きしめて♡

猿
友だちのように仲良しですが、なぜかいつもケンカ。子どもも負けずに口答えしてきます。

チータ
他人の言うことは聞きませんが、親には素直。褒めて育てると才能が開花していきます。

黒ひょう
外ではいい子ですが、家ではわがまま。親は振り回されっぱなしで、ヘトヘトになります。

ライオン
元気一杯で自分の感情に素直な子ども。気分に波があるので2倍気を遣わなくてはなりません。

虎
手のかからない子どもですが、親に似て何でも本音。納得するまで説明してあげましょう。

たぬき
甘えん坊でいつも親と一緒にいたがります。小さい頃はおとなしいので手がかかりません。

子守熊(コアラ)
おとなしくて家でいつもゴロゴロ。大声で叱ると逆効果なので、長い目で見てあげて。

ゾウ
親にとっては一番楽にいられる関係です。できるだけ褒めて育ててあげましょう。

ひつじ
話が長いので聞いていると疲れてしまいますが、相性は◎。スキンシップを大事にしましょう。

ペガサス
何を考えているかわからない不思議な子ども。天才的な言動を受け入れて、大人扱いを。

親が
こじかで、子どもが

狼
ひとり遊びが多くて不安になりますが、それは狼だから。自分でできることはさせてあげて!!

こじか
親が子どもの頃にそっくり。自分にできなかったことを押し付けないで、自然体で。

猿
落ち着きがなく元気一杯。動き回ってじっとしていません。叱らずにのびのびと育てましょう。

チータ
言うことを全然聞きません。いたずらもしますがそれも個性。自由に育てましょう。

黒ひょう
お喋りが大好きな子ども。何気ない一言に傷つくので優しく穏やかに育ててあげましょう。

ライオン
相性はいいのですが、親の言うことを全然聞きません。自由奔放な王様だと思ってください。

虎
しっかりしていて、手間はかかりません。逆に親が子離れできずに、過干渉にならないように。

たぬき
家ではおとなしくても、外では意外に社交的で人気者。話はさえぎらずに聞いてあげましょう。

子守熊（コアラ）
スロースターターでのんびり屋に見えますが、結構しっかり者。口やかましく言うと逆効果。

ゾウ
親の言うことをなかなか聞きません。のびのび育ててあげれば、能力を発揮できます。

ひつじ
相性は最高。スキンシップを大切に、親のほうからいつも話かけてあげるようにしましょう。

ペガサス
目が離せない子どもですが、厳しく育ててしまっては逆効果。放任主義で育てましょう。

親が
猿で、子どもが

狼
自分の分身だと思って、自然体で接して。他人と比較せず個性を活かしてあげるのがコツ。

こじか
いつもベッタリなので手を焼きますが、できる限りかまってあげて。愛情を注がないとダメ。

猿
細かい部分が気になりますが、それはお互いさま。上手に褒めてその気にさせるのがポイント。

チータ
叱ると逆効果で、面白がっていたずらをします。叱った後のフォローが大切です。

黒ひょう
面倒臭がらずに話をちゃんと聞いてあげましょう。一緒にいる時間を共有することが大切。

ライオン
人格を認めて、大人として接してあげましょう。良いことをしたら、大げさに褒めてあげて。

虎
叱るときは、言い方に気をつけて。言い方が気に入らないと、絶対に言うことを聞きません。

たぬき
手はかかりますが、素直な子ども。親に喜んでほしいと思っているので、手伝いをさせると◎。

子守熊（コアラ）
のんびり屋なので、何事もせかしてはいけません。時間をかけゆっくりと育てていきましょう。

ゾウ
とてもいい相性ですが、全然違う個性なので、親の価値観を押し付けてはいけません。

ひつじ
いつも親と一緒にいたがります。イラつかずに、時には甘えさせてあげることが大切です。

ペガサス
いい相性です。おおらかに育てると長所がどんどん伸びます。放任でいいので、親は楽。

親が
チータで、子どもが

狼
忙しい親にとって、狼は手がかからないのでとても育てやすい子ども。ひとり遊びも平気です。

こじか
親になついていつもベッタリ。相性はいいので、親の言うことは素直に聞いてくれます。

猿
どうしても親の言うことを聞いてくれません。ご褒美をちらつかせるのが一番効果的です。

チータ
ついつい厳しく育ててしまいがち。自分の子ども時代を思い出して、のびのびと育てましょう。

黒ひょう
なぜかコミュニケーションがうまくとれません。素直だけど、一言多いのが親を悩ませます。

ライオン
褒めれば褒めるほど伸びる子どもですが、厳しさと愛情のバランスも大切です。

虎
子どもの言いなりになってしまう関係。目標をきちんと決めてあげると素直に実行します。

たぬき
厳しさは逆効果。優しく接してあげれば、興味をもったことに集中力を発揮します。

子守熊（コアラ）
自分のことは自分でやりたい子どもなので、自主性を尊重して育ててあげましょう。

ゾウ
相性はバッチリ。目的に向かって突き進む子どもなので、やりたいことを自由にさせてあげましょう。

ひつじ
ケンカが大嫌いなので、子どもの前での夫婦ゲンカは禁物です。家族でお出かけも大切な教育です。

ペガサス
やりたいと思ったらすぐにしないと気がすまない子ども。「待って!!」はこの子に通用しません。

親が
黒ひょうで、子どもが

狼
自分の考えをしっかりもっていて周囲の言うことは聞きませんが、親には弱いので素直です。

こじか
相手の気持ちを考える優しい子ども。相性はいいので素直ですが、1日1回は抱きしめてあげて。

猿
早とちりが多く早合点してしまいがち。親の言うことも最後まで聞きません。

チータ
鉄砲玉のように飛び出したらどこへ行くかわかりません。反抗的にも見えますが、小言は逆効果。

黒ひょう
友だちを大事にする子どもですから、ケンカはそれなりの理由があるはず。頭ごなしに叱るのは×。

ライオン
弱音を吐かない我慢強い子どもですから、上手に気持ちを察してあげることが大切です。

虎
親分肌で子どもの中ではリーダー的存在。理由もなく叱ったのでは絶対に納得しません。

たぬき
自分の世界をとても大事にします。家ではおとなしく、親のお手伝いをさせると喜びます。

子守熊
家でゴロゴロしていることが多いので、親としてはつい小言を言いたくなりますが我慢です。

ゾウ
親の話を全然聞こうとしません。長い話はタブーなので、ポイントを一言にまとめて。

ひつじ
子どもとの約束を破るのは禁物。約束事をとても大事にする几帳面な子どもなのです。

ペガサス
束縛すると子どもの個性がつぶれてしまいます。奔放さを活かしてのびのびと育てましょう。

親が
ライオンで、子どもが

狼
自分のペースを大事にする子ども。予定を変更してばかりだと言うことを聞かなくなります。

こじか
強く叱ると自分の殻に閉じこもってしまいます。優しく接することを心がけましょう。

猿
負けん気の強い子ども。親の言うことは聞きませんが、ライバルをちらつかせると頑張ります。

チータ
相性はいいですが、ママが厳しすぎるのでついつい反抗的な態度をとってしまいます。

黒ひょう
子ども同士のケンカに親の口出しは禁物。子どもなりのルールと言い分があるのをわかって。

ライオン
同じ個性で理解し合えるはずですが、なぜかいつもぶつかってしまいます。大人として接して。

虎
感情だけで叱ってはいけません。叱られる理由が納得できないと、信頼関係が崩れてしまいます。

たぬき
頭ごなしではなく、さりげなく教えてあげると素直に言うことを聞きます。親には従順です。

子守熊（コアラ）
スパルタ教育は効果がありません。長期的展望に立って、長い目で見て育ててあげてください。

ゾウ
何かを達成したら、最大級の言葉で褒めてあげましょう。自信がつけば、どんどん成長します。

ひつじ
みんなのために尽くそうとする子ども。友だちを大事にしてあげると、とても喜びます。

ペガサス
「すごい、すごい!!」と褒められるのが大好き。どんどんもち上げて、その気にさせるのが一番。

親が
虎で、子どもが

狼
お互いに頑固なので、些細なことで衝突。素直に「ごめんね」が意思疎通のキーワードです。

こじか
甘えん坊のこじかに対して、虎の親は少し厳しすぎ。叱って育てるよりも、情で育ててあげて。

猿
目を離すと自分の好きなことしかしない子どもです。でも、虎の小言は猿には通用しません。

チータ
周囲の子どもと比較してハッパをかけるよりも「頑張っているね！」と励ますほうが効果的。

黒ひょう
いつも気にかけてあげると、素直に親の言うことを聞きます。放っておくのが最大のタブー。

ライオン
外では自信満々に振る舞っていても、プレッシャーには弱いので親のフォローが必要です。

虎
思ったことをハッキリ言う子どもです。口答えしているわけではないので、反論しないように。

たぬき
追い込まれないとやらないタイプです。計画的に物事を進めるのが苦手なので期限の管理を。

子守熊 (コアラ)
子どもだからといい加減に対応すると、いつまでも根にもちます。誠意をもって接すること。

ゾウ
努力を惜しまない頑張り屋さんです。結果を出したときには、まず褒めてあげましょう。

ひつじ
何でも物を集めるのが大好きな子どもですが、整理整頓は苦手なので、一緒に手伝ってあげて。

ペガサス
いくつになっても、赤ちゃんのように自由気ままです。厳しい躾は本人のためになりません。

親が
たぬきで、子どもが

狼
ひとりの時間を大事にする子ども。親の過干渉はマイナスに作用するので自主性を大事に。

こじか
家族の団らんが一番の環境です。夫婦仲良く、休日はみんなで過ごす時間を優先しましょう。

猿
相性は抜群なので、少々厳しく育てても大丈夫。明確な目標を与えると素直に頑張ります。

チータ
突発的な行動が時々理解不能な子どもです。手こずりますが、少々のことには目をつぶる覚悟で。

黒ひょう
みんなを喜ばせるのが大好きな人気者の子ども。おさがりは大嫌いなので、服や文房具は新しい物を。

ライオン
みんなと同じように育てようとするのは×。平均的に育てるよりも個性的に育てたほうが伸びます。

虎
親があまり手を出さないほうが、自立して育ちます。かまいすぎない、バランスのいい子育てを。

たぬき
親の期待が大きすぎるとプレッシャーに感じる子どもです。好きなことを自由にさせてあげましょう。

子守熊（コアラ）
お稽古事などをさせると、いい成績が出るように頑張りますが、押し付けは禁物です。

ゾウ
しっかりした子どもですが、親は振り回されっぱなし。好きにさせておくしかありません。

ひつじ
いつも友だちをたくさん呼んで家で遊びたい子どもです。自慢の手作りおやつでおもてなしを。

ペガサス
注目されることが大好きな子ども。厳しい躾よりも、おおらかな環境がとても大事なのです。

親が
子守熊（コアラ）で、子どもが

狼
他人との比較はタブー。少々変わったところのある子どもですが、個性を伸ばしてあげましょう。

こじか
いつも一緒にいたがるので、親は自分の時間がもてずにストレスを感じるかも。

猿
何でもゲーム感覚で楽しむ子どもです。子育てにもゲーム感覚を取り入れて楽しく過ごしましょう。

チータ
長期的に物事をとらえられない子どもですから、目先のことへのすごい集中力を伸ばしてあげて。

黒ひょう
服装や持ち物などにとても気を遣う子どもです。着られれば何でもいいと思ってはいけません。

ライオン
感性に響くように伝えたほうがいい子どもです。社交性を伸ばしてあげると頼もしいリーダーに。

虎
子どものわりにはしっかりしています。親と感性が似ているので、友だちのような親子関係に。

たぬき
ほのぼのとした雰囲気で、ママに対してもいつも返事がいいので褒めてあげましょう。

子守熊（コアラ）
慎重で自分から危険なものには近づきません。無理強いは逆効果ですから、強制しないように。

ゾウ
大人びていて、記憶力も抜群の子ども。適当に返事をしているようでも、ちゃんと覚えています。

ひつじ
期待に応えたいといつも思っているので、親の気持ちを伝えてあげることが大切です。

ペガサス
親は友だちへの自慢の対象だと思っています。いつもおしゃれなママとパパでいてください。

親が
ゾウで、子どもが

狼
適当に放ったらかしても平気な子ども。好きなことを自由にさせておくのが一番です。

こじか
毎日の出来事を何でも話したがる子ども。少々面倒臭くても聞いてあげましょう。

猿
かわいくて仕方ないので、甘やかしてしまいがちですが、時には厳しく躾ることも大切です。

チータ
良いところも悪いところも似たもの親子。ワンパクでもいい、たくましく育ってほしいでOK。

黒ひょう
親にかまってもらえないとすねてしまう繊細な子どもです。コミュニケーションが不可欠です。

ライオン
わがままなところがありますが、叱るのは逆効果。上手に褒めるのが最高の子育てとなります。

虎
成功者などの伝記を読んであげると興味をもちます。自分の目標が決まったら頑張れる子どもです。

たぬき
おじいちゃん、おばあちゃんにかわいがられる子どもです。ママの言うことには絶対服従します。

子守熊（コアラ）
"寝る子は育つ"のことわざ通り、よく寝る子どもです。どこでも寝られるので子育ては楽なはず。

ゾウ
人が見ていないところでも努力する子ども。プライドが高いので、褒めて自信をつけてあげて。

ひつじ
一日中話しかけてくるので、親は気が休まりません。先手必勝で強く抱きしめてあげましょう。

ペガサス
いつの間にかフッといなくなってしまうような子どもです。のびのびと育ててあげましょう。

親が
ひつじで、子どもが

狼
ついスキンシップをとりがちですが、ベタベタするのが嫌いな子どもであることをお忘れなく。

こじか
親とよく似ています。愛情が不足すると素直に育ちませんので、100%の愛で育てましょう。

猿
親の顔色を見るのが得意な、やんちゃな子ども。猫っかわいがりは本人のためになりません。

チータ
いつも親の言うことの反対ばかりをして困らせます。少し距離を置いて見守ってあげるのが一番。

黒ひょう
ずっとそばにいても気にならない相性の親子。周囲の目を気にせず自信をもって OK です。

ライオン
口が達者で親も負けてしまいます。子ども扱いせずに対等の立場でものを言うと効果あり。

虎
遠回しに言ってもわからない子どもなので、何でもハッキリと言ってあげましょう。

たぬき
家ではおとなしいけれど心配無用。外では結構社交性を発揮して、友だちの間では人気者です。

子守熊 (コアラ)
言われてもすぐには行動しないスロースターター。小さい頃は身体が弱いので守ってあげて。

ゾウ
ママの言うことはちっとも聞きません。ここはパパの出番です。威厳をもって接すること。

ひつじ
甘やかして育てると引っ込み思案に。友だちとの関係の中で多くのことを学ばせましょう。

ペガサス
いちいち口うるさく言っては逆効果。世間体を気にせず、奔放に育てて個性を伸ばしましょう。

親が
ペガサスで、子どもが

狼
どちらも個性的な親子。親の思い通りにはなりませんが、多少距離を置いて接するのがコツ。

こじか
いつまでも甘えん坊な子どもです。かまってあげないと、さらに親を困らせます。

猿
いちいち細かく指示を出さないと動けない子どもです。ご褒美を活用すると効果があります。

チータ
冒険が大好きで、いつもどこかにケガをしています。叱らずに放任主義で育てるのがポイント。

黒ひょう
人前で叱ると取り返しがつかなくなるほど傷つきます。友だちも大事にしてあげましょう。

ライオン
王様扱いに弱いので、VIP 扱いをすると上機嫌です。でも、叱るべきときは厳しく叱ること。

虎
子どもに主導権を取られてしまいがちですが、しっかりしている子どもなので手はかかりません。

たぬき
素直に言うことを聞くおとなしい子どもですが、親のそばを離れないので、拘束されてしまいます。

子守熊（コアラ）
計画性をもった子どもです。いつもコロコロと予定が変わる親との会話は漫才のよう。

ゾウ
個性が親に似ているので、いちいち言わなくても阿吽の呼吸。楽しく子育てできストレスなし。

ひつじ
お喋りが大好きな子どもで、いつも親と一緒。相性はいいので、何でも素直に言うことを聞きます。

ペガサス
外国映画に出てくるような親子関係。理屈ではなく、感性で子育てすればパーフェクト‼

第 **3** 章

キャラナビ
体験談

第3章では、
実際にキャラナビを保育園や子育てで活用して、
子どもたちとどのように関わっているか、
関わってみてどうだったかなどの
実践例をお伝えいたします。
実例を知ることで、動物キャラナビが
どれだけ子育てに役立つか、
どう活用すればよいのかの理解が深まり、
日常生活で応用がきくかと思います。
また、子育て中の親御さんには、
知っておいていただきたいお話もご紹介します。
ぜひ、参考にしてみてください!!

保育園でもキャラナビが大活躍！
動物キャラを理解して、個性を伸ばします

　　ここからは、米田 恵が自身の保育園でのキャラナビの活用例を
お伝えいたします。

　　子どもたちの成長の芽や可能性の芽をつぶしてしまうのは、ママ
やパパとの関わりだけではありません。

　　祖父母や親戚、保育士、幼稚園教諭、教師など、子どもを取り巻
く環境に携わっている方々の何気ない一言が刃となり、子どもの心
に深い傷を残してしまうなどということも少なくないのです。

　　そのようなことにならないよう、米田が園長を務める保育園（東
京都中野区「ゆめのいろ保育園中野」）では、子どもや保護者との関
わりに、動物キャラナビを取り入れて、より良い関係を築けるよう
にしています。

　　個性や価値観の押し付けよりも、お子さんの個性を知り、個性を
伸ばすように接するために、どのようなことをしているのかをご紹
介していきますね!!

児童票

　保育園には、「児童票」というものがあります。児童票とは、お子さん一人ひとりの家族情報や緊急連絡先、健康状況、成長過程、保育過程などを記録する書類のことです。

　当園では、お子さん、お父様、お母様を 3 分類に色分けし（MOON は黄色、EARTH は青、SUN は赤）、一目でわかるようにしてあります。また 12 分類の動物キャラのシールも貼っているので、家族構成が一目瞭然です。

　子どもへの関わり方だけではなく、保護者への関わり方も把握できるので、それぞれのキャラに合わせて対応しています。

児 童 票

名　前		生年月日	2022年 8 月 18 日
動物 キャラ子		年　齢	1 歳 0 か月
父		母	
動物 キャラ夫		動物 キャラ美	

　連絡帳ひとつとっても、保護者の方の個性はわかりやすく表現されます。

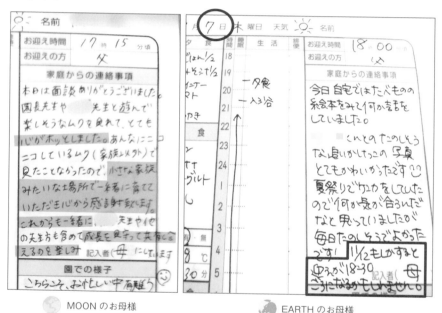

MOON のお母様　　　　　　　EARTH のお母様

　MOONのお母様は、面談後の連絡帳で、「ホッとしました、一緒に成長を見守り共有し合えることを楽しみにしています」など、感想や保育士との関わりについて記載してくれています。

　EARTH のお母様は、数日前から、お迎えが遅くなるかもしれないという旨を知らせてくれ、日にち、時間の詳細を記載してくれて

います。

　このように毎日細かく内容を書いてくださる MOON や EARTH
のお母様もいれば、

元気です！　　　　　今日も元気です！　　　とても元気です。

　このように書かれるお母様もいます。こちらのお母様は、何グル
ープかわかりますか？

　そうです‼　大正解です‼
　SUN グループ、ペガサスのお母様でした。

動物キャラナビを知らないと、このような連絡帳が毎日続くと「お母様は子どもに関心がないのかな…」「子どもとの関わりがうすそうだから、養育に問題があるのかもしれないな…」などと勘違いしてしまったりもします。

　また、担任は毎日細かく園の様子をお伝えしているので、「もしかしたら、お母様との信頼関係が築けていないのかな…」と考えてしまうなど、悩まなくていいことで悩むことになり、深刻な問題へと発展してしまうこともあります。

　まさに、**知らぬは悲劇、知れば喜劇**です。動物キャラナビを知っていれば、深く悩むことなく、笑い話ですんでしまうことも多いのです。

　動物キャラナビには、個性診断カルテや本質レポートといった個々の動物キャラをもっと深く、詳しく知るレポートがあります。

　当園では、お子さんと保護者の個性診断カルテや本質レポートを作成し、個人ファイルに入れています。保護者にお子さんのことを話す内容などもキャラ別に考慮して、きめ細やかな保護者対応ができるよう意識して接しています（カルテやレポートについては、206ページでご紹介しています）。

日々の保育園生活

　当園は小規模園ということもあり、０歳児〜２歳児までの子どもたちしか在籍していないのですが、小さくても、いや小さいからこそ、個性が顕著に表れていて、毎日、面白いですよ。

　例えば、本を読んでもらうときにべったりと先生にまとわりつくのは MOON さんが多いです。「抱っこして〜‼」「一緒にやろうよ〜‼」と言うお子さんが多いのも MOON さんです。

　お昼寝から目覚めて周りが遊び出していても、なかなか起きないのは子守熊さん。子守熊さんは、寝かしつけなくても布団に横になったら自分たちで眠りについてくれるので、手がかからずにとても助かっています。普段の遊びの中でも、ゴロゴロっと横になっていることもあります。

　チータさんは靴下の履き方が斬新で、左右別々の靴下をよく履いています。ただ単に、別々に履いているわけではなく、今日は電車、今日はキャラクターとテーマ別で履いていました。それを見たチータ先生も真似をして、スターウォーズの靴下を片方ずつ履いていました。こういうノリの良さが、さすが SUN だなぁと感じます‼

とある年度の卒園式の退場の場面では、保育士の後ろについて上手に退場していたのは、ペガサス君とチータちゃんの２人のみ。残りの５人の子どもたち（MOON３人、EARTH２人）は当日、親御さんから離れられずに退場できませんでした。

　ペガサス君とチータちゃんは、練習のときは、椅子に座ることもままならず、気が向いたときにしか練習に参加していなかったのですが、本番に強く、見せ場があるとがぜん張りきる！　ということが証明されたひとコマでした。

　驚いたことにきちんと全体の流れも把握していて、「さすが、天才チームだね〜」と卒園式終了後、職員は大爆笑でした。個性を知っていると何でも笑いに変えることができます。

　子どものキャラを知っていると、それぞれの個性を尊重して受け止めてあげながら、無理強いすることなく、日々、子どもたちと関わることができます。

　当園の子どもたちも例にもれず、MOON はスキンシップを求めてくる子どもが多く、EARTH は自分のことは自分でする意欲が高く、SUN はムードメーカーな子どもが多いですよ。

— Column —

絵本や講演会で個性の違いを知る

DNA は遺伝するけれど、個性は遺伝しないということが、とてもわかりやすく書かれている『**杉の木の両親と松の木の子ども**』**(しちだ・教育研究所刊)** という絵本があります（本の内容は、182ページから詳しくお伝えしています）。こちらは、本書の著者である弦本將裕の著作です。

　米田は、この絵本を題材にして、保護者のみなさんに親御さんとお子さんの個性の違いを伝え、お子さんの可能性の芽をつぶすことなく個性や能力を伸ばして、楽しく子育てしていきましょうね‼　ということをお伝えしております（ここ数年は、コロナ禍で開催しておりませんが）。

ただの占いではない！
こんなに役立つ子育て実践編

　動物キャラナビは、生年月日でキャラを出すので
「これって、ただの占いでしょう？」
「占いなんて、当たるも八卦、当たらぬも八卦だし…」
「生年月日で私の個性がわかるなんて、本当なの？」
　などと思われている方も少なくないと思います。
　何を隠そう私も、そのように思っておりました（笑）。

　ところがところが、動物キャラナビは、ただの占いではなく
「個性心理學」 という学問だったのです。

　個性心理學は、中国に古くから伝わる **「四柱推命」**（しちゅうすいめい）や密教の
経典のひとつである **「宿曜経」**（しゅくようぎょう）を分類の基礎にしています。ま
た、個性を12の動物・60キャラクターに当てはめるというイメー
ジ心理学の手法を用いて、体系化してあるのです。占いの領域を超
え、心理学の領域を確立している学問なのです。

　実学である個性心理學のライセンスをもつ認定講師・認定カウンセラーは、日本全国に 1 万 5000 人います。

　日本だけにとどまらず、アメリカ、フランス、中国、タイ、シンガポール、フィンランドなど世界各国に講師はいて、まさにグローバル!!

　個性心理學の認定講師には、政治家、学校関係者、病院関係者、経営者や金融関係者などビジネス関係の方、某プロ野球球団やオリンピック選手などスポーツ業界の方、芸能関係者もいらっしゃり、幅広い業界の方々が講師として在籍し、活躍しています。

　そんな中、講師の中でダントツに多いのは、子育て経験のあるママたちです!!

　個性心理學を学んで、子育てに対する思いがどのように変わったのか、自身の関わりが変わり子どもがどのように変わっていったのかなど、実際の声をご紹介していきます。

個性心理學を知り、夫や子どもたちも、それぞれの個性で生きていたのね、と笑いと共に腑に落ちた

個性心理學研究所 moonlight 支局 支局長 斎藤千香子
頼られると嬉しいひつじ

　私が個性心理學に出合ったのは、子どもたちが成人してからでした。自分の子育てを振り返ってみると「あのとき、個性心理學を知っていたら！」と思う場面がいくつもあります。

　親とは違う個性をもって生まれてきた息子（チータ）を育てる中で経験した戸惑いや不安などは、確実に減っていたことでしょう。

　結婚して男の子（チータ）を授かり、私は幸せ一杯の新米ママとして子育てに奮闘していました。

　まだ１〜２ヶ月の頃から、授乳中にちょっとの間おっぱいから離した途端「もっと飲ませろ〜！」と言わんばかりに激しく泣かれ、圧倒されました。

　生後６ヶ月の頃には、指ではじくとクルクルッと回るおもちゃが
お気に入り。ちょっとコツがいるので難しいかな、と思ったのです
が、こんなにムキになる？　というほど集中して、うまくクルク
ルッと回せたときはゴキゲン！　でもうまく回せないとガーンと体を
のけぞらせて怒る。

　音にはすごく敏感で、ちょっとした物音でもビクッと反応するの
で、寝かしつけは本当に神経がすり減る思いでした。

　その３年後に娘（こじか）が生まれましたが、こんなにも違うの
かと思うほど、スヤスヤ眠る穏やかな赤ちゃんでした。

　小学生の頃の息子は、ほかの子どもたちとサッカーボールを蹴っ
ていても、興味のある珍しい虫を見つけたらその場にしゃがみ込ん
でジーッと観察するような子でした。仲間に大声で「おい、何やっ
てるんだよ！　早くしろよ～！」と言われても耳に入らず。

　そんな場面をたまたま見た私は、息子が虫好きなのを知りながら
も、今は友だちとサッカーしている最中なのに…、とハラハラして
いたのを思い出します。ひつじママにとっては「友だちと仲良く、
和を乱さず」がとても大事なことだったのでしょう。

明るくユニークな子ども時代でしたが、中学2年生の秋に不登校になりました。

　なぜ行けなくなったのか？　どうしてみんなと同じようにできないのか？　とMOONらしく悩んだ私。また、EARTHの夫は非常に仕事熱心で忙しく、私はそのことを理解しつつも、息子の大変な時期を共有できていない寂しさや不満を感じていました。

　数ヶ月で学校に復帰し、高校に進学したものの、高校2年生のときに「僕は日本の学校は合わない気がする。海外の学校に行きたい」と言い出しました！

　彼の好きなカナダへの高校留学を目指したものの、行くと決めてからの準備期間が短すぎたうえ、留学を担当した会社の説明に不備があったことがわかり、残念ながら留学は諦めざるを得ませんでした。

　チータ（SUN）の特徴を知っていれば、親も子もそれに向けてもっと早い段階から準備できたかもしれません。

　その後も紆余曲折あった中、彼のもって生まれた明るさが救いでした。

　好奇心旺盛で好きなことにはとことん集中するし、冗談もおしゃ

べりも好き。でも興味のないことには耳を貸さず、コツコツ努力することは苦手。気分も機嫌も、日替わりで変動。

　このような状況の中、縁あって弦本將裕先生の個性心理學と出合いました。
　生年月日で何がわかるの？　と思っていたのですが、家族を調べた結果、なんとピッタリ当てはまりました！
　自分軸で生きるのが難しかった自分自身のことがわかり、夫や子どもたちもそれぞれの個性で生きていたのね、と笑いと共に腑に落ちました。
　個性心理學の面白さに引かれ、「もっと知りたい、役立てたい」と認定講師の資格を取り、楽しみながら活動を始めました。そんな私を見て息子も個性心理學に興味を示し、講座を受講。彼もまた認定講師の資格を取得するに至ったのは、本当に嬉しいことでした。

　個性心理學を学んだ彼に、「お父さんとお母さんにはひとつもSUN が入ってなくて、わかってあげられなくてごめんね」と伝えたとき、「僕には SUN しか入ってないから、EARTH のお父さんと、MOON のお母さんに育てられてよかったと思うよ。違いがわかりやすいよね！」と言ってくれました。感謝♡

彼も個性心理學によって、人にはいろいろなタイプがあって個性や価値観が違うということを、感覚的に学べたのだと思います。

　現在、私は「子育て中のママやパパはもちろんのこと、できることなら結婚する前に２人で個性心理學を学んでほしい」という思いで活動しています。
　お互い相手の個性がわかっていれば、無用な争いや勝手な思い込みがなくなります。小さなイライラやカチンとくる一言の積み重ねが夫婦の溝を作ります。そして、夫婦仲の良し悪しは、子育てにも大きく影響します。

　子どもの成長を見るのは楽しく、日々新たな発見や喜びがありますが、予想外の出来事も多々あります。そんなときに個性心理學を知っていたら、と自分の子育てを振り返って思うのです。
　家族の個性を知り、違いや共通点を楽しむことができれば、ストレスは激減し笑顔が増えると実感しています。

親子キャラナビ 体験談②

誰も悪くない！
個性の違いとわかり、
肩の力がフ～ッと抜けた

個性心理學研究所 Brilliant Reading 支局 支局長 足立淳子
傷つきやすいライオン

　３人の子どもを育てる母親として、子どものもつ才能を見つけ、活かしてあげることが務めだと思い、ベビースイミングに始まり、子どもがやりたいという習い事、勉強に関することなどに情熱を傾け、頑張りました。

　しかし！　当の子どもたちはいつでものらりくらり手ごたえのない成果で、やるなら一番になってほしいと叱咤激励する母の言葉も響くことなく、親として足りないところを学ぶためにいろいろ講座を受講しては実践するも空振り。

　末っ子が小学校に上がる頃、個性心理學と出合いました。

　私……ライオン
　長男……子守熊（コアラ）

長女……子守熊（コアラ）

次男……ペガサス

　驚愕の事実‼

　私は木の上で眠っている子守熊とその上を飛んでいるペガサスに
ガオ〜〜ッ‼　と吠えまくっていたのかと。

　そりゃあ誰も降りてこないわけだと納得し、肩の力がフ〜ッと抜
けました。私はライオンだから、完璧を目指して頑張っていたの
だ、私も悪くない。個性の違いだったのだ‼

　そこから、個性を活かした子育てに全面シフトしました。

子育て編

　子守熊（コアラ）は、温和でおとなしく調和型で、外ではお利口さんで周囲
からはいい子ね〜と褒められますが、親には頑固な面を見せ、扱い
にくいところもあります。

　休憩が何より大事で、基本のんびり穏やかに暮らしたい。

　急がせたり、睡眠を妨げることは嫌がるし、激励してもやる気を
起こすことはありません。

◆ エピソード１：一番にならなくていい（長女：子守熊<ruby>コアラ</ruby>）

　長女（子守熊）が幼稚園のとき、顔に傷を作って帰ってきました。先生がプリントを配るとき、みんなは競って並んだのですが、娘は一番後ろ。一番に並んだ子が娘の分ももらってきて渡そうとしたら娘が断った！　自分でもらうからいい、好きで最後に並んでいるのだと。かんしゃくを起こした子が引っかいたのだそうです。

　競うのが好きじゃない、一番後ろも楽しいと長女はニコニコと話してくれました。ちなみに引っかいた子は猿でした！

◆ エピソード２：寝ないで頑張ることはできない（長男：子守熊<ruby>コアラ</ruby>）

　長男（子守熊）が大学受験のとき、寝ていても受かる学校に行きたいと言って志望校を高くすることはありませんでした。寝ずに勉強して合格したら、ずっとその努力を続けなくてはいけないと。子守熊はおとなしいが自分の意志は曲げることはありません。

　ちなみに楽に通える大学に合格してました!!

　ペガサスは、自由、お気楽で、興味・関心が向いたときは衝動的に動くので迷子になります。何かやらせたいときは興味をそそるように見せるだけにすると自分からやりたがって夢中になりますが、飽きたらすぐ引っ込める。最初のレベルを考えて突破する楽しみか

ら入ると続きます。ワクワク、気が向く！が１番大事。ペガサスは
超めんどくさがりなのです。

◆ エピソード３：閃いたことを試さずにいられない＆しつこい
（次男：ペガサス）

　幼稚園の先生から、次男（ペガサス）が給食のときに急にウサギ
小屋に行ってしまったと言われました。家に帰ってから理由を聞く
と「かまぼこ、ウサギ食べるかな？　と思ってもって行ったけど食
べなかった」と、思いついたらすぐ飛んでしまうペガサスの性格が
出ていました。

　また、自分が求めることはやってもらえるまで繰り返しやって来
ます。「あとでね！」と言ったら「うん、わかった！」と機嫌よく
去るけれど、すぐに戻って「これやって」と来ます。何度でも飛ん
で来るので、根負けしてやってあげる羽目になります。「ありがと
ー！」とずっと機嫌は良いからかわいくて許してしまうのです。

親子キャラナビ 体験談③

「Ryu くんはお猿さんだからね～！」
この一言で、子育ての悩みが
すべてぶっ飛んだ

個性心理學研究所 moonlight 支局 登録アドバイザー しまお かおり

慈悲深い虎

「Ryu くんはお猿さんだからね～！」

　これは長男が小学 2 年生のときに、個性心理學講師の米田恵さん（著者）から言われた一言。そして、これがそれまでの子育ての悩みが一瞬でぶっ飛んだ、その時だったのです。

　私は女の子のひとりっ子として生まれ育ち、「男の子」という生き物の生態に関する知識がほぼゼロの状態で、長男の Ryu を授かり「男の子の母」となりました。

　彼が 1 歳になる頃から、私の口グセは「危ない！　ダメ！　ダメだってば～!!!」でした。

・ボタンを見つけたらすべて押す！

・段差があればとことん上る！

・手当たり次第何でも口に入れる！

　とにかく常に彼から目を離すことができず、ひたすら「ダメ〜！」と叫びまくって追いかけ回すことしかできませんでした。

　Ryuはとてもこだわりが強く、ひとつ気に入ったことがあれば、ず〜っとそのことをやり続けたり、見続けたりする子でした。

・ゴミ収集車の後を歩く

・工事現場の前から離れない

・駅のホームで電車を見送る

・砂場遊び

・戦いごっこ

など、始めたら最低1時間、最長で6時間ということも。

　小学校に入ってからは、忘れ物番長。連絡帳に書かれている文字は、書いた本人も解読不能で、日々「暗号解読」状態。翌日の持ち物が不明なので、必然と忘れ物をしてしまう。だけど不思議なことに、忘れ物をしても、本人は全く困っていない様子。

　小学校 3 年生の保護者面談では「今日の Ryu くんの落とし物は
ランドセルでした！」と担任の先生に言われ、3 年生の修了式前日
に「●●カードが明日までに見つからない場合は 4 年生になれませ
んっ！」と、まさかの落第通告をされてしまったことも。

「Ryu くんはお猿さんだからね〜！」
　この一言を言われていなかったら、私は Ryu の行動 1 つひとつ
に腹を立て、イライラし、「ダメでしょう〜！　やめなさい〜！」
と毎日怒鳴り続けて、彼の個性をつぶしてしまっていたと思います
（あ〜、怖い怖い！）。

「だって、猿なのだから仕方ないよね！　猿らしいじゃん〜 ^^」
　私は個性心理學を知ってから、Ryu の行動や言動に心をかき乱
されることが激減し、子育ての悩みがほぼゼロになりました。
　そして、そのときから私の子育てのモットーは「命に別状なけれ
ばすべてよし！」になったのです。

　お猿 Ryu は、現在 19 歳の大学 2 年生です。
　埼玉県の自宅を離れ、関西の学生マンションでひとり暮らしをし
て、バイトで生活費を稼ぎながら、大学に通っています。

そんな彼は、413人中408番という成績で、自宅から自転車で10分の県立高校に入学し、高校3年生の5月までゲーム三昧の日々を過ごしていました。そのため、高3の夏休み前の模試では、志望校の判定は「E」または「判定不可」のオンパレード！　その結果を見た私は「伸びしろしかないじゃん！　地頭は良く産んでおいたからね！」とだけ彼に伝えていました。

　そこから彼は自分で「やる気スイッチ」を入れ、ゲーマー思考をフル回転し「最短最速で全国で名の知れた大学に入る道」を分析し、7ヶ月で偏差値を25上げ、志望校の合格を勝ち取り、巣立っていったのです。

　彼が小2のときに個性心理學に出合っていなければ、私は彼を猿らしく育てることはできなかったでしょう。猿の特性を知り、彼の良いところにフォーカスし伸ばすことに注力したからこそ、彼は自力で大学受験を乗り切れたのだと確信しています。
「我が子のキャラを知り、その特性を理解して、良いところをひたすら伸ばす声がけをする！」
　個性心理學を知れば、ママも子どももハッピーな子育てが、誰でもできるようになりますよ。

親子キャラナビ 体験談④

私、子ども、父の
性格を把握することで
イキイキとした人生になった

個性心理學研究所 moonlight支局 認定講師・認定カウンセラー 中村祐子

品格のあるチータ

自分編

「子どもと向き合う時間と自分の時間が欲しい」

私は、以前、そう思っていました。

週5日フルタイムで働く会社員で、自由な時間を十分に取れない生活です。

会社員時代の私は子どもと向き合うことがなかなかできずにいました。仕事が終わればお迎え、ご飯の準備、お風呂、寝かしつけのルーティンで、最低限のことしかできない毎日です。勉強も見てやれず、学校のプリントに気づくのは締め切り直前。子どもの話をゆっくり聞く心の余裕すらありません。休日は平日にできなかったことをこなすのに精一杯で、余裕をもって過ごすなんて無理だと思っ

ていました。

　そんな私に転機が訪れます。インターネットでたまたま個性心理
學について知り、「活用すればモヤモヤしていた気持ちが解消する
かも！」と思いました。
　個性心理學を勉強して、「⑱ 品格のあるチータ（SUN）」に分類
され、結婚後も専業主婦をするより自分のやりたい仕事で輝きたい
と思うタイプだとわかりました。
　自分の性格に合った働き方に変えたところ、仕事でストレスを抱
えることが一気に減り、時間の自由も増え、子育てにも変化が生ま
れました。宿題の見守り、習い事、日々の会話など、今までできて
いなかった子どもと向き合うことがたくさんできるようになったの
です。

　仕事も自分の性格に合った働き方ですので、会社員をしていた頃
と比べるとストレスは感じません。自分の心がイキイキとしている
ことを実感する日々です。
　自分の個性を知ることで、自分に合った生き方や働き方ができる
ようになり、その変化は子育てにもつながって、幸せな人生に近づ
けたように思います。

子ども編

　子どもたちの習い事に対するアプローチも大きく変わりました。私には、長男のチータ（SUN）、長女の子守熊（コアラ）（EARTH）、次男のひつじ（MOON）の3人の子どもがいます。

　好きなことも、得意なことも、大切にしていることも、行動のパターンも、刺さる言葉も違う彼らに合った習い事を見つけられたのです。

　長男のチータは、すぐに成果の出ることや、勝ち負けより技の習得をすることにモチベーションを感じます。また、予習や復習、練習を行う環境には向かない傾向にあります。さらに、好奇心が強いせいか、多数の習い事に興味をもち、並行して習うことも比較的無理なくできるようです。

　子守熊（コアラ）の長女は、習い事の先生の指示が明確でないとストレスを感じ、開始時間や終了時間のズレを嫌いますので、先生には時間をきっちり守って教えてもらうことが重要です。また、検定制度のある習い事が好きで、ゲーム感覚で取り組めることに熱中します。例えば、そろばんなど数字や正解のある習い事は、彼女にとってやる気につながります。

ひつじの次男は、みんなでのワイワイ感が大事な子です。友だちと一緒に習い事をすることでモチベーションを高める傾向があるため、友だちが習い事を辞めてしまうとモチベーションが下がります。先生からも厳しい指導より優しい対応を受けることで、意欲が引き出されます。

　個性心理學を通して習い事の種類や教室選びをすることで、子どもたちがそれぞれの習い事に積極的に取り組んでいます。

父編

　私の父（狼）は、高齢にして初めてニュージーランド旅行を計画しました。久しぶりの海外旅行で、パスポートの発行やクレジットカードの準備など、不安要素がたくさんありました。旅行経験の豊富な友人からさまざまな情報がメールで送られてきましたが、これが逆に父をパニック状態に追い込んでしまいました。

・父はすぐにメモを取る習慣がある

・時系列の記憶力が高い

・他の人に頼ることが苦手

という個性を活かし、私は、時系列で自分の行動が一覧できる行程表を作成。すると、父の気分が落ち着き、準備に前向きな姿勢を

もつようになりました。

　私が個性心理學を學ばず、父の性格が「狼」の特性をもっているのを理解していなかったら、父のパニック状態を解消することはできなかったかもしれません。

　父をサポートできたことに大きな喜びを感じました。個々の人の性格や特性を理解し、それに合わせた対応をすることで、不安やストレスを軽減し、より円滑な結果につなげることができるのだと実感しました。

ノーストレスの家族関係、ノーストレスの子育て

個性心理學研究所 moonlight 支局 登録アドバイザー 柴田きりこ
愛情あふれる虎

◆ EARTH多めの家族旅行

　我が家は、私（虎）・息子（猿：大学２年生）・娘（虎：高校１年生）と夫（ひつじ）の「EARTH 多め家族」です。

　昨年の暮れに、家族旅行をしたのですが、ホテルの手配が少し遅れてしまい、予約できたのはシングルルーム４室！

　そして、虎と猿は「全然問題無し！　てか、最高じゃん〜！」と喜び、ひつじ夫は「せっかくの家族旅行なのに……」と少々不満な様子。

　旅行初日、家族そろって夕食を食べた後は、翌朝の集合時間と場所を決めて各々の部屋へ。

　私は自分の部屋で少しゆっくりした後、大浴場へ行き、ひとりでのんびり温泉を満喫しました（娘には会わず……）。お風呂から戻り、そろそろ寝ようと思ったとき、ひつじ夫が「少し話さない？」とやってきたのです（息子と娘からは全く連絡なし！）。

　ひとり時間が大好きな EAETH と、人と一緒にいたい MOON。両方の特性通りの行動に、ひとりで大笑いした私なのでした。

◆ 地雷は踏まない！ 虎虎母娘のノーストレス子育て

　私と高1の娘は2人共「虎」。同じキャラなので、私は娘の思考、行動、欲求のパターンがほぼ読めます。だから、彼女の子育てで悩んだ記憶はほぼありません。

「今はひとりにしておいてほしいだろうなぁ〜」
「ここは触れてほしくないのよね……」
「とはいえ、それは本音じゃないよね〜」
「今言ってほしい言葉は多分コレでしょ？」

　などなど、なんとなくわかってしまうのです。
　だから、彼女の地雷を踏むことはほぼないし、彼女も私の地雷を踏む確率はものすごく低いです。

逆に「これを言ったら絶対に不快になるよね！」ということもわかるので、あえて言うということもあります（こういうときは母娘ゲンカが勃発します！）。

　彼女は食事のときに、伝えたいこと、話したいことを一気に私に伝えて、自分の言いたいことを全部言い切ったら、自分の部屋に直行します。
　私は、彼女の話をひたすら聞き、相槌を打ち、私への要望があればそれを整えるだけです。自分の部屋へ戻った娘は、そのまま放置しておけばよいので、とても楽なのです（とはいえ、年に1回くらいは大きな母娘ゲンカをするけれど）。

　ですが、ひつじの夫は、よく虎娘の地雷を踏みます。

「なんで今、声をかけるかなぁ〜」
「それ言ったら怒るでしょ！」
「部屋にこもっているときに声かけると嫌われるよ！」

　まぁ、こんな感じです ^^

　自立心旺盛な高1虎娘は、大学生になったら自宅を出て、ひとり暮らしをするのが夢で、今からどんな部屋に住むのかをシミュレーションしています。

　私の母としての役目もあと残り2年強。進路に関しては、彼女が「これがやりたい！」と決めた道を、全力で応援するのみ。ただそれだけ。

「母娘、似ていますね！」

　と言われると「え〜！　似ていません〜！」と即答する虎虎母娘なのです。

まるで個性心理學という名の
育児参考書。
親から子へと受け継がれるロングセラー

個性心理學研究所 moonlight 支局 認定講師・認定カウンセラー折笠弘美

チャレンジ精神の旺盛なひつじ

親の体験談

　私が個性心理學に出合ったのは、子育てや家族関係に悩み、些細な言動で傷つき落ち込んで、泣いていた時期でした。

　当時、友人から「カウンセリングを受けて心を軽くしてみたら？」とすすめられ、個性心理學を知るきっかけになりました。

「生年月日と出生時間だけで、どういう価値があるカウンセリングができるのだろう？」

「12 種類の動物のイメージ心理学って、どう分かりやすいの？」

とたくさんの疑問を抱いたのを覚えています。

　個性心理學のカウンセリングは、親しみやすくすべてが腑に落ちて

「そうそう！　そういう一生懸命にまっすぐな性格の子どもなのです」

「本当にその通り！　そういう感覚で考えて行動する子なのです」

「人前ではそういう振る舞いで最後まで頑張るのですが、家ではこんな感じに過ごしているのです」

　と、不安や疑問、棘のように刺さった悩みが一つずつスッと消える感覚で心も軽くなり、いつの間にか笑顔になっていました。

　このカウンセリングを受けて、個性を認め受け入れられるようになり、幼い子どもでもひとりの人間として尊重できるようになりました。

　12種類の動物キャラクターで分類するとわかりやすく、相手を肯定する接し方ができるのです。

　そして、このカウンセリングから半年後、私は個性心理學の認定講師・認定カウンセラーになって活動するようになりました。

　個性心理學でヒントを得た心の合鍵で子育てをすると、コミュニケーション力もアップして、お母様やお父様だけでなく、お子様自身のストレスもきっと激減していくことでしょう。

そして、ご家庭だけでなく子ども社会や職場などのあらゆる人間関係の問題は個性に合わせた接し方で解決していきます。「人生100年時代」と言われる長い人生を、個性心理學で笑顔の毎日を送れるよう願っております。

子の体験談

個性心理學研究所 moonlight 支局 登録アドバイザー 折笠ひかり
落ち着きのない猿

　私の母（折笠弘美）は個性心理學の認定講師・認定カウンセラーです。子どもながらにその姿をそばで見てきました。

　初めは「ひつじ？　猿？　虎？」と何を言っているのかわからず、「こうするとうまくいくよ」とアドバイスされても "動物の占い" としか思っていませんでした。

　正直あまり期待はしていませんでしたが、母に自分のキャラクターを訊ねると、自分がどのような人間なのかを文章化したカルテを見せてくれました。

　私は『本質：落ち着きのない猿、表面：子守熊（コアラ）、意志：黒ひょう、希望：ひつじ』でした。

　カルテを見て、自分よりも自分のことを知っているカルテだなと

思いました。

　家族のキャラクターを知ってからは、これまでの出来事から抱いていた家族へのモヤモヤや印象が腑に落ち、家族ゲンカをしても「あー。本質の悪いところが、出ちゃってるわー」と少し客観的に状況を見られるようになりました（笑）。

　さらに私は末っ子のため、おねだりが得意です。
　家族のキャラクターを知ってからはお願いの伝え方を工夫できるようになり、さらに希望が通りやすくなりました。
　悪賢いかもしれませんが、しっかり個性心理學を活用できています！

　母からすすめられて個性心理學のアドバイザーになりましたが、キャラクターへの理解が深まり、より活用の幅が広がっています。
　個性心理學を学ぶことは、自分にはなかった考え方を知り、個性を認めて共存していくことだと思います。
　個性心理學がさらに浸透していき、本当の意味での多様性のある社会になることを願っています。

杉の木の両親と松の木の子ども

昔々あるところに、**杉の木の夫婦**が住んでいました。

お互いに同じ**杉の木**ですから、

価値観も行動パターンも同じ

で、友だちのように仲の良い夫婦
でした。

　あるとき、この夫婦の間に待望の
赤ちゃんが宿りました。
　夫婦は、これから生まれてくる子
どものことを考えると嬉しさで一杯
になり

" 五体満足で生まれてきてくれさえすれば "

　と神様にお祈りする毎日でした。出産日を迎え、無事に丸々と

太ったかわいらしい男の子が生まれました。

　しかし、個性は遺伝しませんので、生まれてきた子どもは **松の木** でした。

　乳飲み子の赤ちゃんの頃は「**個性**」が強く出ませんでしたが、成長するにしたがって両親の期待を裏切る子どもになってしまいました。

　杉の木の両親は

" 木は上に向かってまっすぐに伸びるもの "

と信じていましたが、

松の木 の子は
**くねくねと曲がりくねって
横に枝を伸ばして**

成長していったのです。

このままではいけないと感じた両親は、何度も話し合って、ある決断をしました。

　その決断を実行する夜、すやすやと寝息を立てて眠っているわが子を、ロープやガムテープでグルグル巻きにして、大きな枝切りバサミで子どもの枝をすべて切り落としてしまったのです。

　寝込みを襲われた子どもは、ビックリしてしまいます。

「お父さん、お母さん、痛いよ～」
「僕が何か悪いことをしたの？」
「どうして僕を傷つけるの？」
「僕は、僕のままじゃいけないの？」
「僕は、生まれてこないほうがよかったの？」

　と、血だらけになりながらも必死に両親に訴えます。

しかし、**杉の木** の両親は、**松の木** の子どもの言っている言葉に耳を貸そうとはしません。

「これが、親の愛情だ」
「大人になったらわかる」
「これが、お前のためなのだよ」

と一切相手にしなかったのです。

枝をすべて切り落とされてしまった **松の木** の子どもは、

成長の芽も
可能性の芽も

全部一緒に切り落とされてしまい、小さく萎縮してしまいました。

枝を切り続けられて育った **松の木** の子どもは、

個性を否定され自信を失って、無口で友だちの少

ない子どもになってしまったのです。

その後、**松の木** の子どもはどうなっていくのでしょう?

松の木 の子どもも成長期を迎えて、友だちと一緒に大きくな

っていきました。

徐々にまた **個性が芽生えてきた** のです。

しかし、

松の木の子どもが杉の木になること

などできません。

以前にも増して、枝を横に大きく張っていったのです。

それを見た杉の木の両親は

「この子は、もうダメだわ」
「こいつ、ちっとも直らないじゃないか」

と、落胆してしまいます。

そして、子どもを連れて行ったのが、精神科の病院やカウンセラーの先生のところでした。

最初の先生は、たまたま **松の木** の先生でした。
ですから、この **松の木** の子どものどこがおかしいのか理解できません。

「お子さんは、全く正常です。
むしろ、すくすくと素直に育っています」

と両親に告げました。

すると、**杉の木**の両親は

「**この医者は、ヤブ医者だ**」と、病院を変えました。

　次に行った病院の先生は、**桃の木**の先生でした。

　杉の木でも**松の木**でもないので

　言っていることがチンプンカンプンです。

「**この医者は、頭がおかしいわ**」と、また病院を変えました。

　そして、やっと行き着いた**杉の木**の病院の先生に感謝します。

「**やっと、私たちを理解してくれた
　本物の先生に出会えたわ。
　これで、問題は解決するわ**」

　と、大喜びです。

そんな両親の選ぶ学校は「杉の木学園」だし、
塾も「杉の子塾」でしょう。

松の木の子どもは、
**家で枝を切られ、学校や塾で枝を切られたうえに
また病院でも枝を切られ続ける**のです。

　さあ、果たしてこの **松の木** の子どもは、たくましい青年に成
長し、立派な大人に成長することができるのでしょうか？

『杉の木の両親と松の木の子ども』(しちだ・教育研究所)より

イラスト：つがね ちかこ

DNAは遺伝するけれど
個性や価値観は遺伝しない

～生年月日は、DNAを超える!!～

『杉の木の両親と松の木の子ども』のお話、いかがでしたか？

　日本中で、世界中で、枝を切り落とされている子どもたちの悲劇が繰り返されています。

大切なわが子に、
あなたは何を望みますか？

わが子に幸せになってもらいたいのであれば、

個性の押し付けや

価値観の押し付けよりも

わが子を信じて、温かく見守って、焦らずに待つということをしてあげてくださいね!!

　とはいえ、お子さんが今、歩くことができているのであれば、すでにママやパパはバッチリできていますよ☆

　だってそうですよね？
　お子さんが、寝返りをして、ハイハイができるようになって、つかまり立ちをし始め、よちよちふらふらしているときに、

「転んで危ないから、やめなさい!!」
「あなたには無理だから、やめなさい!!」

と、歩き出そうとしているお子さんを、制止していないはずです。
「頑張れ～頑張れ～」 と応援したり
「すごい！ すごい!!」 と笑顔で拍手をしたり
　全身全霊で励ましてあげながら、お子さんが歩ける日をワクワク
と**心待ち**にしていませんでしたか？

　制止しなかったのは、
　いつか歩けるって、**信じていた**からですよね？
　信じていたから、**温かく見守る**ことができたのですよね？
　温かく見守りながら、**待つ**こともできたのですよね？

お子さんも、ママやパパが応援してくれて、笑顔で拍手してくれるのが嬉しくて、果敢に挑戦して、歩くことを諦めなかったから歩けるようになったのです。

　ところで、歩き方ってお子さんに教えましたか？

　恐らく、右足を出してから左足を出して歩くのよ…などと、手取り足取り教えてはいないと思います。
　また、歩く練習が終わるまでミルクはなしよ…などと、無理強いをさせてまで歩かせようとはしていないと思います。

　気がついたら、いつの間にか歩けるようになっていたのではないでしょうか？
　ではなぜ、お子さんは歩けるようになったのでしょうか？

　それは、ママやパパが歩いているからです。
　ママやパパが四つんばいで生活をしていたとしたら、お子さんも四つんばいのままで、歩くことはしないでしょう。

まさに「子どもは、親の背中を見て育つ」のです。

子育てで、特に大切な 3 つの要素

- # 信じる
- # 温かく見守る
- # 待つ

　お子さんが歩くまでの過程で、とても素晴らしい対応ができていたママとパパも、お子さんが成長していくにつれ、大切な 3 つの要素と真逆のことをしてしまいがちになります。

　そんなときは、お子さんが初めて歩いた日までのことを思い出してくださいね‼　お子さんを歩かせることができたママとパパですから、絶対に大丈夫です☆

　お子さんもママとパパが、自分のことを信じ、温かく見守り、焦らずに待ってくれていたら、安心してどんなことがあっても乗り越えていけますよ‼
　世界中で一番の味方、安全基地でいてあげてくださいね♡

親子関係をさらに良好にする
魔法の言葉

　お子さんの個性と自分の個性の違いを知り、お子さんの個性もわかって、今日までの子育てで感じていた悩みや不安が、少しは軽減されましたでしょうか？

　子どものために‼ と思ってやっていた**発言や行動**が、お子さんの**成長や可能性**をつぶしていて、全くお子さんのためになっておらず、逆に**お子さんを苦しめていた**だけだとしたら、ぞぞぞっとしますよね。
　今日から、個性を伸ばす関わりを意識してみてくださいね。
　とはいえ、一筋縄ではいかないのが子育てです。
　"個性が違う"と頭では理解できても、イラッとしてしまいストレスを感じる場面は、これからもたくさんあると思います。

　だって、人間ですもの（笑）。

そんなときに使える、とっておきの魔法の言葉を伝授いたしますね‼

その言葉とは…

" アキラメル "

えっ？　アキラメル??　と思った、そこのあなた。

そうです！　そうなのです‼　アキラメルなのです‼‼

大事なことなので、もう一度お伝えいたします。

魔法の言葉は、" アキラメル "

「他人は自分と同じだ」「自分と同じように考える」というように思っている人が世の中には多いのですが、でも、そんなことは絶対にありません。

どうしてかは、もう、みなさんはおわかりですよね‼

それぞれ**個性**や**価値観**が違うのですから、同じはずはないのです。

ですので、**アキラメル**ことが大事なのです。

アキラメきれないから、**ストレス**になるのです。

本書でお伝えしたい

"アキラメル" とは明らかに認める

ということを意味します。**諦める**ではなく、**明らめる**。

この明らかに認めるというのは、受け入れるということですが、明らかに認めるというのは、実は大変難しいことです。

「認める」 という字をよく見てください。
「言葉を耐え忍ぶ」 と書きます。

では、どうしたら認めることができるのかというと、**"アキラメル"** しかないのです。

明らかに認めることで、ストレスや葛藤を飛び越えて、受け入れることが可能となるのです。

例えば、桜は4月に咲くということを私たちは知っています。つまり、明らかに認めているのです。そうすると、12月に桜が咲いていなくても「なんで咲いていないのよ」と疑問は感じませんし、

変な期待も抱きません。

　また、私が桜だったとしたら、2月に梅が綺麗に咲いて満開の時期を迎えていても、羨ましがったりしないでしょう。
「あら♡　あなた今年も綺麗に咲いたじゃない。おめでとう」などと声をかけてあげることでしょう。

　自分には自分の個性と咲くべきタイミングがあると知っているからです。

　これが、**「明らかに認め、受け入れる」** ということです。

　自分と子どもは違うということを強く認識しておきましょう!!
　自分の思い通りに子どもが動くことはないということも、強く認識しておきましょう!!
　子どもに期待してしまうのもやめましょう!!

　親子関係に限らず、旦那様や奥様、恋人、上司や部下など
　すべての人間関係のストレスは **" アキラメル "** で軽減していきます☆

おわりに
～ 子育てには、正解も終わりもない !! ～

　ここまで読んでいただいてありがとうございます。

　クスッと笑ったり、そうそう !! とうなずいたり、考えさせられたりといろいろな感情で読んでくださったのではないかと思います。

　今までなんとなくボヤっとしていたであろう

"個性や価値観の違い"

　が明確になり、あなたの人生のお役に立つことができましたら嬉しく思います。

　本書は、親子関係に特化した内容になっておりますが、キャラナビを知っていれば、子育てだけではなく、旦那様・奥様・恋人・上司・部下などとの関わり方も楽しくなりますよ !! ぜひ、身近な方のキャラを診断して、検証してみてくださいね。

　キャラナビを知った今日から、子どもに対してママやパパが対応

を変えても、これまで築いてきた親と子の関係性があり、瞬時に子どもが変わるとは限りません。ですので、ママやパパは覚悟をもたなければいけません‼

それは **"子どもに求めない覚悟"** です。

ママやパパが覚悟をもって変わったら、子どもは確実に変わります。ここは揺るぎない信頼をもってくださいね。

ただし、焦らない。子どもが1分で変わるのか、半年なのか、1年、2年、場合によっては10年かかる場合もある。

でも、絶対に！！！！！！

親が変われば

子どもは確実に変わります

親は子どもより長く生きている分、たくさんの経験をして、失敗も苦労もしてきています。それに対して、子どもはこれからたくさんの経験をしていく存在。

ママやパパが子ども時代に育ってきた社会情勢と、子どもたちが大人になっていくこれからの社会情勢は全く異なります。この違いを理解したうえで、ママやパパは子育てをしていくのです。

人が人として生きていく中で、
正解なんてありません。

　子どもに「ああしなさい、こうしなさい」と指示・命令をして、親の言うことを聞く子どもを育てていたら、正解が通用しない社会に出くわしたとき、子どもは前に進めません。

　親の言うことを聞いていたら安心・安全に生活できるわけではありません。たかが1人や2人の大人の経験値で、未来のことなんてわからないのです。コロナ禍からもわかるように、想定外の中で子どもがどう生きていくか。

　親の思い通りにさせることが目的ではなくて、目の前の子どもが10年後、20年後の社会で、なりたい自分になり、幸せであること。これが一番の願いなのではないでしょうか？

"親は真の愛情を与えても 考えを与えてはならない"

「実体験を通して学ぶ」

　という考え方がありますが、体験はさまざまなことを気づかせ、感じさせてくれる感性の豊かな成長の糧となり、考える力の支えになります。

　ぜひ、子どもにたくさんの経験をさせて、自分で考える力を身につけさせてあげてくださいね!!

　この世に宝物として生まれた子どもは、自分の世界に生き、自らの **"個性"** をもつ人間です。今現在、既に人間であり、将来人間になるのではありません。

　子どもは、希望と夢をもってどんどん成長していきます。その成長に合わせた親の接し方を簡潔にまとめた素敵な言葉がありますので、ぜひ、参考にしてみてくださいね!!

乳飲み子からは肌を離すな
幼児は肌を離して手を離すな
少年は手を離して目を離すな
青年は目を離して心を離すな

房仙書

『杉の木の両親と松の木の子ども』（しちだ・教育研究所刊）より

書・福田房仙

　実に的を射た言葉ですよね。
　宝物がもっている本来の輝きを最大限に発揮することができるように、子どもと接していきたいものですね。

　花の種を買うと袋に

- いつ頃、蒔くといいか
- いつ水をあげればいいか
- 日当たりの良いところにおいておく

などと、育て方が詳しく書いてあります。

その通りに育てると、袋と同じ花がきちんと咲きます。

けれど、生まれてきた子どもには **「取り扱い説明書」** なんて付いていません。

自分の子どもが生まれてから

"初めて"赤ちゃんに触れるというママ・パパも少なくありません。市販されている育児書や育児雑誌、インターネットなどからさまざまな情報を収集して、懸命な子育てが始まるのです。

- ミルクは何時間置きに飲ませるのか
- 離乳食はいつからあげるのか
- 卒乳とは？ 断乳とは？ などなど…

1歳前後になると

- なかなか歩かない
- 言葉が出るのが遅い
- 少食、偏食がある などなど…

と、自分の子どもとよそのお子さんを比較して
心配になったり、不安になったり…。
年齢が大きくなるにつれ、個性を伸ばすことよりも
平均値に近づけることに、気持ちが向いて

こうでなくては "ならない"、こうしなければ "ならない" と
情報に振り回されてがんじがらめになって、子育てが辛くなり

誰に相談していいかわからず、
何を聞いていいかもわからず

気づけば、大人と会話していない日が続いて、社会からポツンと
取り残されてしまったような孤独を感じているママが増えている現
状です。
　子育てで主要な役割を担う "母親" には、国、自治体、地域、企

業、学校などの各コミュニティでのたくさんのサポートが必要なのにもかかわらず、

　子育て ➡ 個育て ➡ 孤育て になってしまっている昨今。

　コロナ禍で、より拍車がかかってしまったように感じます。

「生まれてくる子どもを虐待しよう」と思って

　出産する母親は、この世の中にひとりもいないはずなのに

　虐待のニュースは後を絶たず、胸が苦しくなります。

"知らぬは悲劇、知れば喜劇"

　知らないがために起きてしまう悲劇がこれ以上繰り返されることがないよう、本書が子育てで悩んでいるママやパパに届くことを願っております☆

　どんな人にも子どもの時代があり、子ども時代はたった一度しかありません。子どもがその子らしく生きて、大切にされる社会でありますように!!

2023年9月吉日

ゆめのいろ保育園中野 園長　米田 恵

☆ 動物キャラナビ レポートについて ☆

自分の動物キャラについてもっと詳しく知りたい方は、
QRコードからレポートをお求めいただけます。

行動パターンや思考パターンなどがわかる「個性診断カルテ」
60分類された動物キャラがわかる「あなたの本質」
お子さんの基本的性格、好きなこと、
ヤル気を引き出す魔法の言葉等がわかる「子育て」
全13種類の個性診断レポートがございます。

https://peraichi.com/landing_pages/view/p9qrs

♡ ２つの嬉しい読者限定特典 ♡

本書をご購入くださった読者様に２つの特典をご用意いたしました。

① 「60分類キャラクターのワンポイント」(PDF) をプレゼント♡
   ＱＲコードからダウンロードしてください。

https://kaolife.blog/wp-content/uploads/2023/08/present1.jpg

② 60分類の動物キャラがわかる「あなたの本質」（1,100 円）を無
   料でプレゼントいたします(PDF データでのお渡しになります)。
   ＱＲコードからお申込みください。

https://ws.formzu.net/fgen/S783629239/

弦本 將裕（つるもと まさひろ）

1957年4月29日生まれ。A型。学習院大学法学部卒業。
一般社団法人 個性心理學研究所総本部 理事長、個性心理學研究所 所長、
株式会社キャラナビ・ドット・コム 代表取締役。

12動物60キャラクターによる個性心理學を世界で初めて発表し、注目を集める。これまでに、上場
企業はじめ全国の法人・病院・歯科医院等を個性心理學理論で指導。
著作は60冊を超え、世界14カ国・地域で翻訳・刊行、累計部数は500万部超。「動物キャラナビ」は
芸能界にも多数のファンを持つ。また、認定講師の育成も精力的に行っている。

主な著書に『60パターンですべてがわかる 動物キャラナビ』『最新改訂版「性格＆相性」まるごとわ
かる動物キャラナビ』（ともに日本文芸社）、『動物キャラナビ [バイブル]』『動物キャラナビ [お仕事
編]』（ともに集英社）、『こどもキャラナビ』（世界文化社）、『杉の木の両親と松の木の子ども』（しち
だ・教育研究所）などがある。

米田 恵（よねだ めぐみ）

株式会社ゆめのいろ 取締役／ゆめのいろ保育園中野 園長
個性心理學研究所 moonlight支局 認定講師・認定カウンセラー

幼少期から "幼稚園の先生になりたい" という想いをもち、1997年4月より、夢だった幼稚園教諭
として過ごす。お母様たちにとって子育ては、まさに「不安と悩み」の連続。「かわいいという気持
ちだけで子育てはできない」「子育ては決して楽しいだけのものではない」と知る。
1000組以上の親子と関わり、母親の精神状態が、子どもの成長に大きく影響していることを強く感
じる。
「自分が産んだ子どもなのに、自分の子どものことが理解できない」と仰っているお母様が多いこと
に気づき、個性心理學を学ぶ。子育てをしているお母様たちの力になれたらと、子育て支援に興味を
抱くようになり、2011年3月に14年間の幼稚園教諭人生にピリオドを打つ。
2011年12月、出張託児サービスを立ち上げ、約5年半、シッターとしてお母様たちをサポート。並
行しながら、個性心理學の講座やカウンセリングを行い、"DNAは遺伝するが、個性は遺伝しない" と
いうことを伝えている。
2017年4月、「ゆめのいろ保育園中野」を創立し、現在に至る。

イラスト・写真：

浅木美亜（落ち込みの激しい黒ひょう）

市村 碧（ネアカの狼）

斎藤碧乃（粘り強いひつじ）

田岡万実（順応性のある狼）

新田かいしゅう（落ち着きのない猿）

村瀬真聡（品格のあるチータ）

矢島ちか（放浪の狼）

対談の顔イラスト：

ラクガキヤのマコ（愛情あふれる虎）

校正協力：

永森加寿子（束縛を嫌う黒ひょう）

制作協力：

七田 厚（母性豊かな子守熊）

装幀・本文デザイン：

睦実舎 宮澤来美（人気者のゾウ）

編集：

小関珠緒（気どらない黒ひょう）

田谷裕章（動きまわる虎）

ハッピー子育て！ キッズ・キャラナビ

初版1刷発行　●2023年9月16日

著　者　弦本將裕・米田 恵

発行者　小川泰史

発行所　株式会社Clover出版
　　　　〒101-0051　東京都千代田区神田神保町3丁目27番地8
　　　　三輪ビル5階
　　　　TEL 03-6910-0605
　　　　FAX 03-6910-0606
　　　　https://cloverpub.jp

印刷所　日経印刷株式会社

本書の内容に関するお問い合わせは、info@cloverpub.jp 宛にメールでお願い申し上げます。